温州文史资料第四十二辑

宋韵温州

温州市政协文化文史和学习委员会 编

中国文史出版社

序

　　一座城市的伟大，不在于高楼林立，而在于有文化、有精神、有品质。温州历史悠久、文化璀璨，中原文化、海洋文化、山地文化、移民文化、民族文化等既源远流长、又交汇交融，孕育出多元包容、富有特色的瓯越文化，这是全体内外温州人的精神内核。

　　宋代是瓯越文化历史上的第一个高峰。在思想学术方面，永嘉学派"以经制言事功"，其"崇义养利""经世致用"思想至今影响深远，成为温州人"敢为天下先"创业创新精神的源头活水。在教育科举方面，"永嘉前辈读书多"，宋代温州各类书院数量在全省名列前茅，武状元、进士数居全国前列。在百工科技方面，商品经济活跃、手工业发达，先进的造船工艺、精准的指南针运用、奇巧的百工商品，为海上航行和商贸提供了保障，也让温州赢得"百工之乡"的美誉。在戏曲文艺方面，戏台遍布城乡，九山书会才人创作的《张协状元》是现存最早的南戏剧本，"南戏故里"实至名归；一曲《潇湘水云》流传千年，成就了浙江琴派；清新野逸的"永嘉四灵"诗派，为中国山水诗发源地续写诗风。

　　与此同时，宋时温州自有浓浓人间烟火。两宋时期，温州已是"十万人家城里住"，成功引种的进口水稻、各自生春的官沽私酿、制作精良的丝麻织品、自然质朴的民居建筑、美观耐用的家具物品，以及斗茶、挂画、薰香、游园、捶丸等活动，无不彰显宋代温州人的生活品质。而品质生活是需要一定的仪式感的。温州的四时八节民俗，既有明显的海洋文化特色，又带中原文化基因，还兼具吴越风情，催生闹热的节日经济。

而今，温州正全面推进文化振兴，大力实施宋韵瓯风文化传世工程，推动宋韵文化创造性转化、创新性发展。随着"三年百项文化工程"的强力推进、朔门古港遗址的深入挖掘、春节戏曲晚会的精彩出圈，宋韵瓯风正绽放全新的光彩。

党的二十大报告指出，必须坚定历史自信、文化自信，坚持古为今用、推陈出新。守护好"城市之魂"，不让城市的文脉中断，城市的精神才得以永存。今天我们研究、转化、传播宋韵文化的目的，在于激发其当代价值，以更高的历史站位、更长远的观察视野、更深刻的理性求索、更宽阔的思想格局、更开放的文化气度，让千年宋韵在新时代"流动"起来、"传承"下去。为此，市政协特组织文史专家编写《宋韵温州》，从思想、经济、社会、百姓生活、文学艺术、宗教等方面，展示宋韵文化的魅力和价值，力图守护城市文化乡愁、守住城市滋养心灵之魂。

从千年繁华走来，向未来之城进发。站在建城 2215 年、建郡 1700 年的新起点上，让我们更加坚定文化自信，围绕举旗帜、聚民心、育新人、兴文化、展形象的职责使命，不断弘扬优秀传统文化，高水平建设新时代文化温州，为谱写中国式现代化温州篇章贡献力量！

温州市政协主席　陈作荣

2023 年 5 月

目　录

引子 深埋地下的宋元古港

一

温州市区，瓯江边，海坛山下。一艘尖艏方艉的帆船倾斜着，搁浅在数米深的淤泥中。

船头和船体已严重变形，硬生生断为两半，两段残长共 12.4 米、残宽 4.1 米。船底呈 V 形，由多段纵向半爿圆木拼合而成，并揳有方形铁钉加固。

考古专家推断，这应该是建造于南宋的一艘福船，总长度约 20 米，宽超过 6 米。可容纳乘员约 200 人，载重约 800 斛。船舱残存有 7 个水密隔舱，这是为增强船体的坚固性和抗沉性而设置，实证了中国古代这项技术的运用比西方国家早约 500 年。

这艘帆船已静静沉睡地下数百年。

它的周围，横卧着近 9 米长的桅杆、单爪木船锚、桨式船尾舵，零星地散落着一些宋元时期的铜钱，堆积着数以吨计的不同产地的瓷片，还排列着九座长方形的码头遗址、块石垒砌的长堤、多组干栏式建筑，甚至半圆形的瓮城基址……

2021 年 10 月，温州市区望江路在实施下穿工程中，发现了这处成片相连的古港遗址。浙江省文物考古研究所和温州市文物考古研究所联合进行考古勘

南宋沉船

干栏式建筑遗址

瓷片堆积

江心屿

瓯江

望江门
（朔门）

发掘区

温州古城墙

奉恩水门

古港码头全景

已施工区　　　　　　　未发掘区　　　　　　　　　原定杨发掘区

奉恩水门

望江门
（朔门）

温州古城墙

古港遗址全景

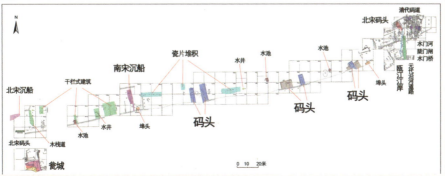

N

北宋码头　　清代码道

瓷片堆积　　水池　　水池　　水池

南宋沉船　　水井　　　　埠头

北宋沉船　　干栏式建筑

水门河
陡门用
水门桥

水井　埠头

北宋沉船

北宋码头　木栈道

瓮城

码头　　码头　　码头

元代沿河道路

瓯江沿岸

0 10 20米

古港遗址主要遗迹分布图

探发掘，判断此为宋元港口遗址，一时间轰动考古界！

2022 年 12 月 28 日，国家文物局在北京举行"考古中国"重大项目发布会，向海内外公布了浙江省温州古港遗址的考古新发现，认为这处规模宏大、要素齐全、体系完整、内涵丰富的遗址，生动再现了宋元时期温州港的繁荣景象，填补了国内外海丝港口类遗产的空白，是中国古代海上丝绸之路的历史见证，堪称"国内唯一、世界罕见"。

二

温州港位于中国大陆海岸线的中段，与最北端的营口港相距 1142 海里，与最南端的三亚港相距 986 海里，距离大体相当。周围邻港众多，北距上海港 320 海里、宁波港 219 海里；南距厦门港 393 海里、福州港 326 海里；东南与台湾的高雄港、基隆港隔海相望。

风平浪静的温州港，江阔水深，少雾不冻，是天然良港。早在南朝时期，曾任永嘉郡守的诗人丘迟（464—508）就由衷赞誉："控带山海，利兼水陆，实东南之沃壤，一郡之巨会。"（《永嘉郡教》）

码头遗址

木栈道遗迹

温州作为海上丝绸之路的重要节点城市，唐代已有航线可与日本、高丽及南亚各国贸易，商品流通活跃，人文交往频繁。宋代，温州港进入全盛时期，桅樯林立，商贾众多。北宋名臣、有"铁面御史"之称的赵抃（1008—1084）游历温州时，写下《自温将还衢郡题谢公楼》诗，描述了当时"城脚千家具舟楫，江心双塔压涛波"的情景。瓷器、漆器、木雕、丝绸、蠲纸等优质手工业产品，多经水路运销国内东南各地，还有相当部分远销海外，永嘉学派代表人物陈傅良（1137—1203）在《汪守三以诗来次韵酬之》中形象地描写了温州水上交通的便利："江城如在水晶宫，百粤三吴一苇通"。

宋元时期，温州港口、码头设施更趋完善。元代碑刻《永嘉重修海堤记》中描述的正是朔门码头一带："温为郡，俯瞰大海，江出郡城之后，东与海合，直拱北门。"朔门码头濒临江海，位于城区北门外，地理位置优越。沿江一带筑成"延袤数千尺"的大石堤，建有"以俟官舸"和"以达商舟"的两类码头，分别供官船和中外商船停泊之用。码头设施完备，有江亭，有候馆，官方工作人员往来繁忙："枕江为亭，榜其额曰'四时万象'，候馆在焉，使指所临，长吏迎劳无虚日。"枕江亭西南即为繁荣的城区，货物集散，商家熙攘，"百货所萃，廛氓贾竖，咸附趋之"。

这块碑刻于元至顺三年（1332），由著名文学家、书画家黄溍（1277—1357）撰文。文中还记录了元至顺二年（1331）台风损毁码头，地方官采用当时先进的软基加固技术进行修复的史实。

那年秋天，"水暴溢括苍，出被郡境，飓风激海水，相辅为害，堤倾路夷，亭遂仆，永和盐仓亦圮。水怒未已，且将破庐舍，败城郭"。作为沿海城市，温州常常遭遇台风袭击，更可怕的是台风、暴雨和天文大潮碰头，引发水患灾害，堤垮了，路冲了，亭塌了，附近的盐仓也毁了……面对一次次的损毁，只有一次次的重建。

码头损坏严重，直接影响对外贸易，永嘉县尹赵大讷谋划重建事宜，各方协作，有钱的出钱，有力的出力，"亟议兴作，俾大家之役于官者分任其事，或输以财，或荐以力，经画劝相则身亲之"。

温州地区属软土地基，瓯江、飞云江、鳌江等河流和海水携带的泥沙沉积而成平原，具有含水量高、地耐力低等特点。于是当时采用软基加固技术："列巨木为柱，面设栿枑其上，内攒众木，围之三周，外施其芒以拨浪，次填以石，次积以瓦砾，而实土其中，加横木，备其欹侧，而帖石其背以便行者。堤若路暨亭之址悉如之，而亭亦复其故。"

在温州古港遗址现场，随着发掘范围的不断扩大，木排桩、木群桩、矴排桩、矴群桩逐一出土，加横木、加厚板、施其芒等多种处理软土的方法清晰呈现。方式之多超出专家们的想象，甚至还发现了拟似现代工程技术的透水固结处理软土的方法，印证和补充了历史文献中的描述。码头东向发掘出的一段元代石堤，也对应了"大石堤延袤数千尺"的记载。

三

朔门古港的发掘是中华人民共和国成立以来，温州最为重大的一次考古发现。

瓮城遗迹

发掘区域位于古城中轴线上，介于瓯江边的朔门与奉恩门之间。发掘面积达5000多平方米，整体呈东西向带状布局，长逾400米，最宽处18米。

温州城功能格局有"东庙、南市、北埠、西居、中子城"之分，发掘区即为"北埠"所在，自东晋建郡以来，就是商贸繁盛之地。

整个遗址可分为三个发掘区，水门头、陡门、瓮城、码头、沉船、干栏式建筑、木质栈道、瓷片堆积带等，这些被掩埋在岁月深处的遗迹，在考古人员小心翼翼的清理中，陆续重见天日。

水门头发掘区位于遗址东首，包括晚唐至北宋木筑驳岸一组，南宋奉恩水门河岸与陡门闸墩、桥墩一组；元代石砌驳岸、沿河道路、房屋基址以及明清以来石砌驳岸、陡门闸、桥墩、码道、水池等遗迹。这些遗迹的布局证明了随着时间的推移，瓯江南岸逐渐淤积，人们顺势向江中扩张城市边界。

在北城门发掘区，发现了宋元和明清两个时期的石砌瓮城基址、城外道路、排水沟等，约占瓮城面积的三分之一。宋元时期的瓮城，平面形状呈半圆形，城墙为外侧包砌块石，立面整齐，内部用填土夯筑。明清时期的瓮城，平面形状呈长方形，城墙为外侧包砌条石，砌筑方式延续早期。早在 2004 年，温州市文物保护考古所就曾在该区域以南发现晚唐五代时期的朔门、城门、城墙——城门正面朝北，结构为中间夯土，两侧包砖基础，底部用大石块铺砌，城门洞道路为青砖堆砌，保存较好。当时因条件局限对这些发现采取了回填措施。

　　隧道沿线发掘区整体呈东西向条带状布局，与现代岸线大致平行。该区域内共发现干栏式建筑五组、码头九座、埠头两座、沉船两艘、瓷片堆积带四处，另有作坊两处，水井、水池五处。主要遗迹的年代为北宋晚期至元代。

　　除了上文提及的那艘南宋沉船外，瓮城北面深达 9 米的基坑内还发现了一艘长约 10 米的北宋沉船残体。这两艘沉船的造型、结构基本一致，具有宋代造船中最复杂也是最关键的三项创新技术，显示了温州造船技艺的高超。一为龙骨结构，是船体基底中央连接船首柱和尾柱的纵向核心构件，像脊梁骨一样支撑整个船身。它既能增强船体坚固性，以承受海浪的冲击力和水压力，又能减少阻力，保证船行速度，是造船工程的一项重大改良。二为鱼鳞搭接，顾名思义，多重船板相互搭接，像鱼身上的鳞片一样相互叠压。搭接处大于连接板的厚度，形成了船壳板的纵向筋材，大大提高结构强度，同时使船壳外表面形成纵向锯齿形状，增大了船舶横摇阻力。板面的重叠部分，用铁钉垂直钉入板面。13 世纪意大利商人马可·波罗所著长篇游记《马可·波罗游记》，记述了他经行地中海、欧亚大陆和游历中国的经历，其中有大量篇幅写到中国的造船，"船用好铁钉结合，有二厚板叠加于上，不用松香，盖不知其物也，然用麻及树油掺合涂壁"，这种密封技术具有很强的防渗水能力，对船壳起到有效的保护作用。三为水密隔舱，将船体分成互不相通的若干船舱。如船在航行中有舱区破损进水，也不会影响到其他舱区，可以采取措施及时补救。同时，舱壁与船壳板紧密连结，增加船的横向强度，并取代加设的肋骨工艺。这种先进的水密隔舱技术，逐渐被欧洲乃至世界各地所借鉴，成为船舶设计中的重要

北宋码头遗址

结构形式。

　　此次发现的码头遗址均属宋代，除其中三座为北宋斜坡式码头外，多数为南宋台阶式（或月台式）码头。斜坡式码头以块石砌筑而成，呈平缓斜坡状。台阶式码头则面向瓯江而筑，由东向西排列，与江堤的延伸方向一致。平面形状呈长方形，石包土心结构。码头内部填土，上垫木板，板上铺方砖，砌筑考究。构筑方式采用大小不一的条石和块石叠砌，石缝用石片衬平，外层用长木桩严实加固，以防水流冲击。同时使用木板、砾片和其芒，增强吸水性，膨胀后对桩周边淤泥有挤密作用。这种巧妙运用"柱梁"结构体系，承受来自不同方向的力量，加上木石结合、硬软兼施的软土地基处理的先进做法，在全国具领先水平。

　　宋元朔门码头遗址布局与规模，尤其是码头修复加固后留下的细节，与元代《永嘉重修海堤记》内容一致。而元代温州画家王振鹏（1275—1328）在《江山胜览图》长卷中更加形象地标识了瓯江沿岸码头、内河、桥梁、建筑的位置和环境，真实还原了码头繁华的景象。

　　《江山胜览图》画心纵 48.7 厘米，横 950 厘米，是"百科全图"式的纪实性风情画巨作。画面上数座码头伸向江面，其中一座较大的码头，平台中间立有一块长方形石碑。据载古时这里有安澜亭，百姓在此祈愿安澜息浪。码头平台上有在伞盖下指挥的小吏，有挑货上船的挑夫，有推车送货的船工，帆船与码头之间架设跳板，供船工上下。

《江山胜览图》所绘舟船多达 68 艘，海船、江船、渔船来往穿梭，有的船正扬帆起航，有的船在进港靠岸，更多的船停泊在港区内。

其中来自占城（越南）的远洋船舶进港的情景格外引人注目。这种远洋大船有三桅船、四桅船，大者可张十二帆，设四大橹，甲板下有六十个小舱位，载重约三百吨，称得上是元代最先进的远洋海船。

最常见的则是海运漕船，也称遮洋船，载重在一千石以上，是宋元时期温州的远洋海船。艕舼方正，龙骨粗壮，底部 U 形，载重量大，安全系数高。其长八丈二尺，宽一丈五尺，深四尺八寸，共有十六舱，设双桅、四橹、二锚。舵干用铁力木制成，有吊舵绳，舵可升降。

画中还有一条内河由南至北通向瓯江。内河近江处，有石制拱桥跨越河面。这就是朔门码头遗址东侧——水门头区域，与考古发现的宋元奉恩水门河岸及桥墩基本一致。

在王振鹏精描的笔下，码头建筑由东至西平行排列布局，有砖木院落式的驿馆、连成一排的茅舍式店面。院落式建筑大多为平房，也有两座楼房，庭院宽敞，外围竹篱。这是驿馆或邸舍场所，主要接待各地经销商，或来温办事的官吏，为往来旅客提供歇息之处。透过二楼临街的窗户，可以看到有三四人围桌品茗聊天，旁有一人似在捧卷读书。茅舍式店面正对街区，主要经营陶瓷、漆器、象牙、料器等工艺品，也有茶馆、酒店，店门前长竿斜挑出店铺标识。店前开阔的场地上则行人熙来攘往，有杂技表演，有流动摊贩……

画中这些建筑与朔门码头遗址中发现的五组干栏式建筑以及院落式房屋基址的位置大体相近。

出土的捶丸

四

此次考古发掘出两千多件瓷器，出土可复原瓷器数千件，各类瓷片重达十吨以上。同时还有漆木器、铜铁器、琉璃器、铜钱、瓦当、铭文塔砖、砚台、竹木牙雕、砖雕等各类文物 200 多件。

四处瓷片堆积带内容丰富，包括龙泉窑、瓯窑、建窑、遇林亭窑、义窑、松溪窑、吉州窑、湖田窑、定窑、磁州窑等瓷窑产品，年代为北宋至明代，器型、纹饰、釉色、铭文多样。部分瓷器外底有墨书，如"姓氏＋直""直""东""西""上""纲"等。龙泉窑的青瓷薰炉、盅式碗，瓯窑的青瓷刻花执壶、褐彩碗，景德镇的青白釉盏托，磁州窑的白底黑花罐，建窑的黑瓷兔毫斗笠碗，定窑的白瓷梅瓶、紫釉葵口碗等，共同构成了一幅生动美丽的陶瓷画卷。这不仅表明温州制瓷业发达，而且证明了温州是全国瓷器对外贸易的集散码头，大量精美的瓷器尤其是龙泉青瓷从这里走向世界。

根据现场分析推测，该区域为货运码头，这些瓷片应是装卸瓷器时发生意外破损后被废弃堆积。其中龙泉窑青瓷数量最多，占 90% 以上。对比两艘沉船周围发现的瓷器瓷片，可以看出，温州港北宋中晚期外销瓷器以瓯窑青瓷

出土的漆器

为主。到了北宋晚期至南宋初期，龙泉窑青瓷逐渐取代瓯窑青瓷，成为主要的外销瓷。龙泉青瓷和其他地方特产沿瓯江顺流而下，经温州港销往海外。温州港对于龙泉窑青瓷的兴起、发展和外销起着至关重要的作用。

除龙泉青瓷外，瓯窑青瓷数量较多，约占10%，年代为唐代晚期至南宋，典型器物有北宋十棱淡青釉执壶、北宋青黄釉剔刻莲花瓜棱壶、北宋青釉剔刻花瓜棱壶、北宋青釉素面罐等。褐彩青瓷占比较高，如唐代褐斑双系罐、南宋褐彩鱼纹洗、褐彩花卉纹尊、褐彩花卉纹高足杯等，少数带有褐彩鱼纹装饰，极具温州海洋文化特色，为研究瓯窑青瓷装饰工艺提供了珍贵资料。宋代瓯窑生产进入高峰时期，温州西山和瑞安外三甲等窑场的产品种类丰富，造型活泼，品质精良，大量外销。

建窑瓷器数量不多，根据出土建窑茶盏的胎、釉、纹饰以及制作工艺判断，产地可能来自闽北建窑、遇林亭窑、江西吉州窑以及泰顺、文成等地的窑场，为研究建窑系黑釉瓷提供了丰富的实物资料。宋代饮茶流行斗茶习俗，汤花以纯白为上，建窑黑釉茶盏因此成为广受喜爱的饮茶器具。本次考古发现的遇林亭窑金丝兔毫盏、吉州窑白覆轮盏都是代表性茶盏。

此外还发现了 20 余件漆器，出土地点多集中在沉船以西干栏式建筑一带，年代以南宋为主。比较精美的器物有六花瓣式漆盏托、圆形黑漆盏托、六花瓣式朱漆盒、十花瓣式朱漆碟等。据文献记载，宋代温州漆器号称全国第一，产销两旺，北宋都城汴梁（今开封市）、南宋都城临安（今杭州市）的繁华街道都开设有温州漆器专卖店。温州漆器是宋韵文化的典型代表。

宋代建窑黑釉茶盏

此次出土的一件琉璃簪应是通过海运输入温州的。琉璃是较早输入我国的奢侈商品。南宋地理学家赵汝适（1170—1231）在《诸蕃志》中记载："琉璃出大食诸国，烧炼之法，与中国同。其法用铅、硝、石膏烧成，大食则添入南硼砂，故滋润不裂，最耐寒暑，宿水不坏，以此贵重于中国。"宋朝廷为杜绝奢靡之风，禁止珠翠服饰制作，各地妇女便以琉璃取代。由于翠蓝色是大众流行色，商人也更乐于销售颜色相仿的琉璃簪。

还有两枚小巧玲珑的陶丸，可能是儿童游戏用的捶丸。捶丸为中国古代汉族球系之一，宋元时期十分流行，在儿童中也很普及。游戏玩法为场上设球穴，以杖击球，以进球筹数决定胜负，其运动规则与现代高尔夫球有很多相似之处。

本次考古发掘出土的瓦当，大多数为模印莲花纹，还发现有砖雕观音菩萨造像、天王造像，在一定程度上反映了宋代温州佛教盛行的景象。宋代温州经济繁荣，佛教臻于鼎盛，天台宗、禅宗、律宗、净土宗等宗派高僧众多，寺院林立。宋代温州民间奉佛极为虔诚，最宏伟的建筑多是寺院。

出土花蚶、钉螺等贝壳

考古现场还采集到较多的花蚶、钉螺、牡蛎、动物骨骼、牙齿、稻谷、桃子、橄榄等动植物遗存。

局部堆积层中贝壳数量较多，说明贝类是当时深受温州人喜爱的食物种类。据初步统计，这些贝类有花蚶、海瓜子、钉螺、西施舌、牡蛎、毛蚶、田螺、海螺等十余种。这些贝壳的发现，丰富了人们对两宋时期温州人饮食结构的认知。

温州种植水稻历史悠久，可追溯至新石器时代晚期。曹湾山出土的实物中就发现有水稻颖壳的双峰型植硅石，表明当时曹湾山已有较为原始的农业生产。北宋大中祥符四年（1011），占城稻在温州种植成功，粮食产量大为提高，解决了更多人的生存问题。

五

码头、航船、外销瓷、漆器等发掘出的遗迹实物，复原了宋元时期温州商港的格局，它和温州古城、江心古航标、航道等共同构成完整的海陆交通体系。

宋代温州是造船名城。距码头不远处的郭公山沿江一带，元祐五年（1090）即设立有官办造船场。当时船场置官兵252人，并雇有大批工匠，负责造船、修船等工作。造船数额一度达每年六百只，位居全国前列。

朔门码头建在海坛山脚下，山上有一座海神庙。据方志记载，海神庙建于唐咸通三年（862），宋崇宁间赐额"善济"。海坛山正是因海神庙乃祭海之坛而得名。海坛山的余脉延伸江底，成为建设码头的坚实基础。而山上的海神庙可以远眺出港的商船，祈祷一帆风顺。

宋元丰三年（1080），温州通判赵岍撰写《海神庙碑》，记载了台风过境时的可怕景象。温州夏秋之交频发台风，一时狂风暴雨，掀屋拔树，肆虐全境；沿海地带则高潮巨浪，翻江倒海，"居民海贾咸以为忧……幸而有海神庙者""风之兴，长吏或躬往，或遣僚属祷之……诚有德于斯民者，列之祀典，宜哉"。在科技能力较为低下的古代社会，把预防自然灾害的希望寄托于神灵的保佑，是全世界各民族发展过程中历久不衰的共有现象。刚刚到任的赵通判与民同忧乐，把祭海抗台看作是重要职责，认为"真差事者此也"。温州民众的海神崇拜与海洋意识的形成发展，不断激发着温州港口的活力。

位于朔门码头遗址西北方向的江心屿双塔，本为佛塔，千百年来实际上成为引导船只进出港口的航标灯。双塔分别建于唐宋时期，遥相对峙，在宋代已具有塔灯功能，正如南宋温州人吴驲（1167—1247）笔下的描述"半天灯火东西塔，一枕风雷上下潮"。船舶白天进港，同样需要双塔的指引，船员以东西两塔前后并一线为航道，可避开暗礁，安全快速直达朔门码头。1997年10月，江心屿双塔入选百座世界历史文物灯塔，2002年5月，入选国家邮政局发行的《世界历史文物灯塔》邮票，五枚一套，第二枚即为温州"江心屿两塔"。2018年又被列入国家海上丝绸之路申遗第二批扩展名录。

与朔门码头相关的航标还有位于温州城区松台山的净光塔，宋时"雄镇一方"，每到晚上，塔楼即点燃灯火，"塔灯荧煌"，为海上行船指明方向（《宋文宪公全集》卷一一）。

指南针的使用也为船只远航提供了安全保障。元元贞元年（1295）六月，元朝廷决定派遣使团前往真腊（今柬埔

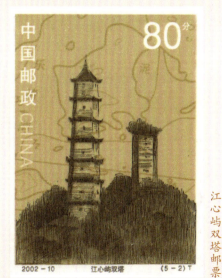

江心屿双塔邮票

温州港口码头旧照

寨），温州人周达观（约 1266—1346）以随员身份出使。次年二月二十日，在江心双塔的注视下，远洋海船从朔门码头正式起航，历经福州、泉州、广州、琼州等港口，跨越七洲洋、交趾洋，三月十五日方抵达占城。再循占城海岸南下，七月间终于到达国都吴哥。周达观在记录见闻的《真腊风土记》一书中记载了这次航海使用的技术："自温州开洋，行丁未针（202.5 度）……又自真蒲行坤申针（235.5 度）。"这是迄今所见最早的一则航路针法。

"丁未针"和"坤申针"指的是航海指南针指示方位，亦即《海道针经》上所说的针位，这也是将记载针位的导航手册称为"针路簿"的原因。指示方向的针位分为"单针"和"缝针"两类，凡指向正北的"单子针"和正东的"单卯针"，均属单针。而指示针位介于两个方位字之中的称"缝针"，上述的"丁未针"和"坤申针"属于"缝针"。我国古代使用的航海罗盘原先用 24 个字，表示 24 个针位，自从有了"缝针"，就增加到 48 个针位。《真腊风土记》记载使用的针位，比欧洲的 32 个方位更加精确、先进。

一年后，周达观随使团又在指南针的指引下顺利回国。相传吴哥国王还回赠了大象和雄狮，返程后海船就停泊在江心屿前，正准备转运元大都时，不料风雨大作，船只倾覆，象、狮沉没江底，第二天江面冒出象岩、狮岩的礁石。至今还常有人指着江心屿南面的两块礁石说：看，像不像大象和狮子？

利用气象掌握起航时间，也是长期与海洋打交道的人们摸索出来的经验。中国位于最大的亚欧大陆，又与最大的太平洋毗邻，由于海陆热力性质的巨大差异，形成了随季节而变化的季风。唐宋时期，闽浙商船开往日本的时间一般选在四月到七月初。这时东南沿海常刮西南季风，较易到达日本。而从日本返回，则多选在八月底到九月初，台风期已过，秋冬季过半，冬季季风将起。宋代温州状元王十朋（1112—1171）有诗云"北风航海南风回，远物来输商贾乐"，就形象地描写了中国东南沿海商船利用季风进行海上贸易的情景。

六

相传，江心寺门口这副颇为奇特的楹联即为王十朋所撰：潮朝朝朝朝朝朝朝朝散；云长长长长长长长长消。

毫无疑问，宋代是温州历史上的高光时刻，东瓯名镇，海上繁华——一艘艘远洋大船，运载着精美的青瓷、漆器、丝绸、蠲纸，从瓯江口扬帆远航。

在 2022 年 12 月 28 日"考古中国"重大项目发布会上，浙江省文物考古研究所所长方

指南针

向明总结了朔门古港遗址的价值——

首先，温州朔门古港遗址的发现重现了温州千年商港的盛况。码头、沉船、海量的商贸类遗物，构成了商港的核心元素。这与温州古城、江心双塔交相辉映，生动再现了宋元时期温州"北埠"港区"城脚千家具舟楫，江心双塔压涛波"的真实景象。这也是近年来中国海洋考古、城市考古取得的重大收获。

其次，温州朔门古港遗址的发现实证了温州港是宋元以来海上贸易的重要港口。如数以十吨计的龙泉青瓷产品，从温州入海，走向世界，展现了"天下龙泉"的盛世场景。

再次，温州古港遗址规模大、遗迹全、年代清晰、内涵丰富，是城市、港口、航道三位一体的完整体系，堪称海上丝绸之路的绝佳阐释，也是海上丝绸之路不可替代的重要节点。

在朔门古港遗址考古专家论证会上，中国社科院学部委员、社科院考古研究所原所长刘庆柱充分肯定了"温州古港遗址是目前国内发现的结构最完整、年代最清晰的港口遗址，对于研究海上丝绸之路具有关键的指向意义"；中国社科院学部委员、历史学部主任王巍赞赏温州"这样一个海上丝绸之路的港口保存得这么好，在全国范围内都是罕见的，也是新时期考古文化遗产保护的一个经典范例"！

随着对朔门古港遗址价值认识的不断深化，该遗址先后入选 2022 年度浙江考古重要发现、全国十大考古新发现初评。2023 年 3 月 27 日，22 个参加全国十大考古新发现终评的项目进入最后 PK 阶段。当天下午，温州市文物考古研究所所长梁岩华现场汇报了温州古港的发掘情况及现实意义，并接受现场专家提问。28 日上午，国家文物局正式宣布 2022 年度全国十大考古项目揭晓，温州古港榜上有名。

目前古港遗址的保护与利用已被列入浙江省及温州市今后五年重要规划。特别是在 2022 年 6 月 20 日召开的浙江省第十五次党代会上，实施宋韵文化传世工程，推进温州宋元码头遗址等海上丝绸之路遗址的保护利用，也写进了省

古港遗址考古成果专家论证会

党代会的报告中。

　　温州终于用实力证明了自己在漫长的海丝之路上的重要地位。2022年12月23日，海上丝绸之路保护和联合申报世界文化遗产城市联盟联席会议在广西北海举行，审议并通过温州加入海丝申遗城市联盟。专家们满怀期待："古港遗址的发现为我国沿海地区城市考古、海港码头考古及海丝贸易考古等领域的深入探索研究打开了新局面，同时作为我国海丝申遗不可替代的经典样本和支撑性遗产点，未来必将成为海丝申遗项目不可或缺的拳头产品。"

　　千年商港承宋韵，幸福温州再启航！

宋韵温州

第一章
十万人家城里住

宋绍圣二年（1095），杨蟠走马上任温州知州。

杨蟠，北宋初期著名诗人。虽然其生卒年无定论，但据多位学者考证，其生年应为1023-1027年间，因此他来到温州走马上任时，多半已近古稀之年。

古语说，人生七十古来稀。在古代，能活到七十岁的人已经数量稀少，而七十岁还能创出一番业绩的必然少之又少吧？很幸运，温州迎来了这样一位罕见的官员。

他曾在杭州任职，和苏轼搭档，干得风生水起。他来到温州的时候，宋王朝已建立135年，温州百姓成为大宋子民已有117个年头。热闹繁华的温州城，在他眼里堪与杭州媲美，他神采飞扬地写下："一片繁华海上头，从来唤作小杭州。"这两句诗被后人引用频率极高，简直称得上是温州的最佳广告语。

古城模样

杨蟠见到的温州城是什么样呢？

外围大致还是永嘉郡城的模样吧，虽历经七百余年的风雨，格局未有大变。但多了一道内城。

在温州这片土地上，最早的城可追溯至汉惠帝三年（前192），东瓯国建都城。只可惜这城已埋于历史深处，人们只能根据史籍文献的记载想象它的模样。而留下古城风貌的是建于晋太宁元年（323）的永嘉郡城。彼时临海郡析出温峤岭（今温岭）以南地区置永嘉郡，郡治设在瓯江南岸，即今温州市鹿城区。下辖永宁（今温州城区、永嘉县、乐清市一带）、安固（今瑞安市、文成县、泰顺县一带）、横阳（今平阳县、苍南县、龙港市一带）、松阳（今丽水除遂昌一带）四县。

这座略呈长方形的城池，北据瓯江，东西两面跨山筑城，即利用松台、郭公、海坛、华盖、积谷、巽吉、黄土、仁王、灵官九山错立如北斗天象的自然禀赋，形成北斗星的布局，因此有"斗城"之名。四面筑城门，外围护城河环绕。据载，郡城初建时，城内"凿二十八井以象列宿"，以寄望"天长地久、水源不断"之意。据2011年温州文物普查发现，这二十八宿井中还有十六口古井保存完整。如横井巷有始凿于晋的古井，井内刻"天宿"二字；铁栏井上下圈铁栏则分别有铸于北宋元祐六年（1091）和南宋庆元四年（1198）的字样。

谯楼西侧考古勘探全景

谯楼出土的青瓷、建筑构件

　　石头垒筑的城墙确实护卫了一方百姓的安宁。从唐朝末年战乱至五代十国纷争，再至赵宋王朝立国，其间四处爆发的农民起义，频繁的改朝换代，城头变幻大王旗，无疑是一段兵荒马乱的岁月。但对温州人民来说，战火虽已烧到了家门口，终究没有形成长时间、大规模的社会动荡。

　　唐朝灭亡那年，也即后梁太祖开平元年（907），割据杭州的吴越王钱镠派出最得力的儿子钱元璙率兵攻克温州城，打败了割据温州的卢佶。

　　钱元璙驻扎温州后，开始修整外城，同时增筑内城，《读史方舆纪要》之《浙江六》"永嘉城"条记载："五代梁开平初，钱氏增筑内外二城。"

　　内城就是史书上说的"钱氏子城"。范围即今鹿城区中心，周长三里十五步，东界为打锣桥，南界为渔丰桥、冰壶潭，西至城西街，北界为仓桥。规制方整，城池呈正方形，城四周有护城河，河上筑桥，连接城门，内外相通。四处城门上各筑一座城楼，东为"华盖楼"，南为"谯楼"，西为"西楼"，北为"临圃楼"。钱氏子城在元代被毁，至今仅存南门城楼——谯楼，飞檐翘角、古朴厚重，20世纪90年代重新修缮，立于鼓楼街密密匝匝的民房之间显得格外醒目。

登谯楼便于瞭望敌阵，列兵备战。城楼下的城门名谯门，俗称城门洞。谯楼不仅设有铜壶滴漏等计时设备，还设有鼓更点，因此又被称作鼓楼。

21世纪以来，温州市文物保护考古所多次对古城进行考古勘探，取得了重要成果，多项成果被列入浙江省重大考古发现。拂去历史的尘埃，古城的面貌越来越清晰地展现在世人眼前。

2013年至2015年，谯楼西侧地块陆续探测出谯门的门址、城台、城垣、马道、排水沟等遗迹，正是钱元瓘当年所建的内城。

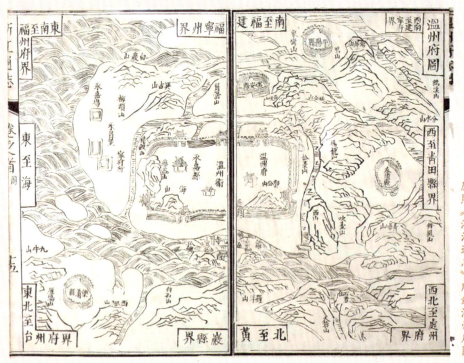

康熙《浙江通志》所载温州府图

建于五代后梁开平初年的门址，埋于地下不足一米处。紧靠今谯楼西侧台基，发掘出的门洞宽 5.1 米，长 13.25 米，门洞内为黄土夯筑的路面，门洞上部已塌毁，但仍能清晰辨别券顶原貌。门两侧壁砌筑青砖护墙。城台东半部分被今谯楼所叠压，西半部分东西长 9.65 米，南北宽 13.25 米，外包青砖，中间填土。其砖墙砌法为错缝平砌，呈三顺一丁样式逐层向上内收，与宋代李诚《营造法式》中的"露龈造"式样相吻合。

城台以西连接了一段 23.5 米长的城垣，厚达 8.2 米，两面包砖，中间夯土。夯土中还夹杂着少量晚唐五代时期的碎瓷片。

马道已深埋于地下 1.5 米处，以青砖平铺，中间夹铺一路块石，宽度 1.5 米，沿城墙呈东西走向。

2021 年 10 月，浙江省文物考古研究所与温州博物馆联合在康宁小区地块，又发掘出始建于五代吴越国时期的夯土城墙。这里处于子城西南隅，呈现出子城最普通、真实的面貌。城墙由夯土墙体及两侧包砖（或包石）的护城墙构成，城基厚度 9.1 至 9.3 米，夯土以青泥与黄泥相间夯筑，黄土层较薄，青泥层较厚。两侧包墙各厚约 0.8 米。显示早期的护城包墙均使用青砖，后期维修多以块石包砌。

子城内侧道路宽约 2.8 米，由瓦砾和黏土混合铺垫，表层铺墁河卵石，正是宋代道路的模样。

子城西护城河为温州首次发现，河道宽 25 至 35 米，南窄北宽。一侧的石砌驳岸为宋代所建，另一侧驳岸年代晚些，改建时还加筑了埠头。

内城的面貌逐渐清晰，外城的考古也不断有新发现。

2004 年 8 月 19 日，温州市政建设部门施工人员在市区朔门头路面开挖地下水管道时，意外发现了古城遗址。经专家认定，此为建于晚唐五代时期的城门，也是外城的北大门。城门两侧遗存墙体及基础，以及保存完好的道路——呈现在人们眼前。

城门面朝正北方向，城门洞宽 3.9 米，城墙十分宽厚。始建时，墙址宽 5.93 米，后经过三次增筑，现存的城墙遗址厚度达 7.85 米。墙体中间有一段青泥筑成，

两边用叠放整齐的青砖夹筑。古城门地基竟然用了五种材料,层层相叠,深达
1.42 米,以保证城基的扎实。城门路面基本保存完好,通过断面可以发现在晚
唐五代路面之上还有多层路面,距唐五代路面半米高处铺有一条青砖道路,城
门外还有一条东西走向的小青砖道路,当时可能属城外道路,这两条路均是宋
代所铺建。

华盖山城墙遗址是外城的部分,2015 年发现了一段宋代砖砌城墙,长
14.8 米,外侧有明代重修时增加的石砌护墙。墙体用青砖砌成,厚 0.7 至 0.8 米,
残深 1.8 米。墙基建于基岩之上,底部挖有基槽,底砖三层外凸,上部墙体以
青砖三顺一丁错缝平砌而成,且逐层向上内收,砌筑规整。城砖分为大、小两
种规格,端面还发现有一些模印阳文数字或符号,以"二""三"居多,据推
测可能是窑场的标记。东侧基岩上地层发现两宋时期龙泉窑青瓷片。2018 年
国庆长假期间,这段宋代城墙展示工程已对市民开放。

内外城池"回"字形结构,外城依山傍江,内城规整坚固,"东庙、南市、
北埠、西居、中子城"的格局,在杨蟠眼前徐徐展开。

华盖山南段城墙考古遗址

三十六坊

北宋在温州统治历时 150 年，共有知州 81 任。杨蟠是其中之一。

成为大宋子民之前，温州人民在吴越国的统治下，兴修水利，税负减免，努力垦荒，度过了 70 余年和平稳定的日子。然而，邻居闽越国兵变迭起，四处混战，深受战乱之苦的福建百姓，纷纷携家带口逃往温州，一时间浙闽古道上人流涌动，温州迎来了历史上一次大规模的移民潮，人口数量由此大增。据史学家研究发现，这次移民潮几乎奠定了温州现有族群和村落布局的基础。

五代十国很快被宋王朝取代。宋太祖赵匡胤于后周显德七年（960），发动陈桥兵变，改国号宋，建都汴梁（今开封）。

宋朝建立后的 18 年间，温州还属于保持独立的吴越国。直至太宗太平兴国三年（978）五月，在位 31 年的吴越王钱弘俶，以所属十三州"纳土归宋"，温州才直属北宋统治。吴越国是当时唯一一个不以武力抗拒统一的割据政权，献出的两浙十三州包括杭、苏、越、湖、衢、婺、台、明、温、秀、睦、福、处，免除了数十万生灵涂炭之苦。《宋史》卷四《太宗纪》载，"（太平兴国三年五月乙酉）钱弘俶献其两浙诸州，凡得州十三、军一、县八十六、户五十五万六百八十、兵一十一万五千三十六。"此次的改朝换代，温州幸运地以和平过渡的方式完成。

宋王朝统治 168 年后的靖康二年（1127），金兵南下，掳徽宗、钦宗二帝，江山一统的上半场"北宋"从此结束，偏安南方的下半场"南宋"被迫开启。

北宋的地方行政分路、州（府、军、监）、县三级。至道三年（997）全国分为十五路，即京东、京西、河北、陕西、河东、淮南、两浙、江南、福建、广南东、广南西、荆湖北、荆湖南、西川、峡路，温州属两浙路（治所杭州）管辖。《宋史·地理志》："两浙路，熙宁七年（1074）分为两路，寻合为一，九年复分，十年复合。"两浙路曾经分为两浙东路、两浙西路，温州则属于两浙东路（治所绍兴）。

温州下辖四县，包括永嘉、平阳、瑞安、乐清。范围大于今天的温州区域，还包括台州玉环一带。当时的县以人口规模分为五个档次，四千户以上为望县（京城区为赤县，京城外为畿县），三千户以上为紧县，二千户以上为上县，千户以上为中县，千户以下为下县。平阳人口最多，为望县，永嘉、瑞安为紧县，乐清为上县。可见当时温州人口已不少。

随着商业的发展，各县开始出现市镇。《元丰九域志》记载：元丰年间（1078—1085），平阳有"前仓、琶槽、泥山三镇"、瑞安有"瑞安、永安二镇"、乐清有"柳市、封市二镇"。永嘉于"宋政和四年（1114）以白沙系材木经由要处，差小使臣一员监镇"，设"白沙镇"。

这样的一座城市交到了杨蟠手里。这大概也是他第一次出任地方的最高行政长官。

杨蟠是有名的诗人、书法家，宋仁宗庆历六年（1046），二十岁左右即得中进士，颇受朝廷重用，曾任密州、和州推官，江阴金判、光禄寺丞、陕西提举常平、杭州通判等职。元祐四年（1089）在杭州任职时，他是知州苏轼的副手，两人既是上下级的同僚，又是惺惺相惜的诗友，性情相投，合作愉快。他们疏浚西湖，兴修水利，共同完成了苏堤这一利在千秋的工程项目。两人开怀畅饮，诗词唱和，留下了许多佳句和佳话。

两人共事的六年后，杨蟠来到温州。这座位于浙东最偏僻处的城市，用同时代的赵岏的话说是"负山滨海"（《温州通判厅壁记》），用祝穆的话说是"郡当瓯粤之穷，地负海山之险"（《方舆胜览》），总之是山海交汇处。

　　杨蟠在温州仅待了两年，他用行政官员的见识和诗人的审美，亲手规划了这片城池，留下了为后人津津乐道的"三十六坊"。墨池坊、康乐坊、庆年坊、百里坊、双桂坊，等等，这些坊名穿越千年风雨留存至今。

　　唐代，城市规划和市场管理实行的是封闭式的"坊市制"，即商业区（市）和居住区（坊）严格分开，市内不设住家，坊内不设商铺。商业区四周有隔墙，门口甚至有专职人员把守，所有交易必须在市场中进行，开市和闭市的时间也由官府统一规定。直至宋朝，随着经济的发展和交易的频繁，民居日益增多，城市越发拥挤，逐步打破了坊市界限。

　　大中祥符年间（1008—1016）有《祥符图经》记载永嘉县城"坊五十有七"，鉴于城市商业繁荣，人口激增，多处新增坊巷，杨蟠计划重新划分布局。他根据古城坊巷所在的方位、走向和地理位置划定三十六坊，即容成、雁池、甘泉、百里、竹马、棠阴、问政、德政、康乐、五马、谢池、墨池、儒英、世美、梯云、双桂、儒志、棣华、扬名、袭庆、绣衣、昼锦、孝廉、孝睦、遗忠、遗爱、招贤、从善、简讼、平市、状元、衮绣、祈报、丰和、崇仁、荣亲等坊，并设置统一坊门。

　　南宋永嘉诗人戴栩（生卒年不详）在《永嘉重建三十六坊记》中曾对这三十六坊名称的由来进行分类梳理。如褒扬善政的有棠阴、问政、德政；纪念名人的有康乐、竹马、五马、谢池、墨池；读书教化的有儒英、世美、梯云、双桂、儒志、棣华；倡导美德的有孝廉、孝睦、遗思、遗爱；还有以地方标志性风景命名的容成、甘泉、雁池、百里等。这样的坊名，已不仅是一个简单的名称，更承载着彼时人们的生活和记忆。戴栩还对坊门做了详细描写："博栋竦楹，翼以楔础，飞榱延橑，被之藻彤。阡周陌匝，绚焉如眉目之在人。"坊门不仅高大巍峨，且装饰华丽，如人的眉目一样凝聚着绚烂的神采。

　　在杨蟠的规划中，温州城区密布的河网与坊巷依偎并行，呈现"一渠一坊，舟楫毕达，居者有澡洁之利，行者无负载之劳"的城区格局。200多条大小河流纵横穿梭，人们撑着小船可抵达城内任何一个角落。

　　他自己想必很得意这副大手笔，写下诗句："水如棋局分街陌，山似屏帏绕画楼"。南宋叶适（1150—1223）也很赞同这个"棋（弈）局"的比喻，他在《永嘉开河记》中描述："昔之置郡者，环外内皆为河，分画坊巷，横贯旁午，升高望之，如画弈局"。难怪这样的温州古城，曾被后人誉为"东方威尼斯"。

南宋咸淳元年（1265），温州知州史宜之又增设了状元、衮绣、祈报、丰和四坊，共计四十坊。坊内酒楼、茶坊、饭铺、浴室、瓦舍、勾栏，应有尽有。

随着人口日渐增多，城市开始向外扩张，温州城郊有望京、城南、集云、广化四厢，成为浙南最大的工商业城市。

杨蟠在温州虽然只度过短短的两年，但他由衷地爱上了这个地方，他热情洋溢地写下《永嘉百咏》，为这座江南小城留下了许多佳句名篇。离任后，他还写下这样的诗句：

为官一十政，

十九世纪末的江心屿

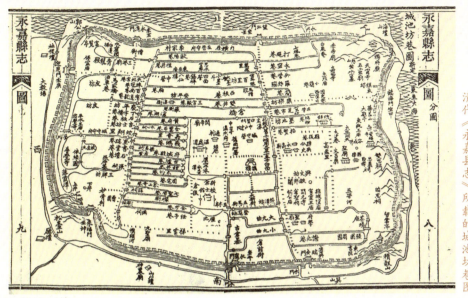

清代《永嘉县志》所载的城池坊巷图

宦游五十秋。

平生忆何处，

最忆是温州。

他一生宦海浮沉，走过许多地方，扪心自问：平生最怀念的地方是哪里呢？原来还是温州啊！这山水相依的城市，一片繁华的地方，让杨蟠念念不忘。

皇帝来了

　　杨蟠肯定想不到，在他离开温州三十多年后，这座僻远小城突然一下子成了王朝的中心，而且，皇帝竟然走进了他曾经办公的地点。

　　那几年，是宋代历史上的动荡岁月。

　　先是发生了靖康二年（1127）宋徽宗、宋钦宗被掳的"靖康耻"，直接导致北宋灭亡；宋室南迁后又遭金兵追击，建炎三年（1129）宋高宗携百官后宫一路仓皇南逃，辗转经扬州、镇江、杭州、绍兴、宁波等地，登上沿途官员募集来的海船。据《建炎以来系年要录》记载，当时有上千艘海船供使用，"每舟载六十卫士"。形势已越发危急，杭州、绍兴、宁波相继陷于金兵之手。那年年底，宋高宗率领一众人等漂泊在海上，迎来了建炎四年（1130）的大年初一。金兵依然紧追不舍，在电闪雷鸣的夜晚，定海也失守，金兵

宋高宗赵构像

船只还企图袭击高宗御舟，被随行扈从的张公裕拼力击退。

高宗御舟继续南下，终于在正月二十日进入温州境内，先后停泊于瓯江口青澳门（今属洞头）、温州港、乐清琯头。二月初二，御舟及随行船只停泊在瓯江中，高宗在众人簇拥下登上江心屿，"御舟至温州江心寺驻跸"（《建炎以来系年要录》）。

当时江心屿东西两座山峰有两座寺院，东边的普寂禅院和西边的净信院。皇帝驻跸之处，当然已不是寻常之地，当即下旨改寺额，普寂禅院改赐龙翔禅院，净信院特改赐兴庆教院（清陈舜咨《孤屿志》卷一《敕普寂禅院改赐龙翔禅院》《敕净信院改赐兴庆院》《敕兴庆院添入教字》）。富有艺术气质的宋高宗还挥笔题写了"清辉浴光"四个字。

稍稍安定下来，宋高宗向身边的人询问本地有哪些可用之才。御史中丞赵鼎推荐了吴表臣、林季仲等人。吴表臣（1084—1150），字正仲，永嘉（今温州城区）人，大观三年（1109）进士，曾任通州司理。北宋亡后返回家乡。他最先赶到江心屿，在龙翔禅院拜见了高宗，提出许多治国理政的主张。高宗颇为赞赏，封为监察御史。林季仲（1088—1150），字懿成，永嘉（今温州城区）人，宣和三年（1121）进士，曾任婺州兵曹、仁和县令。

曾任岳飞参谋官的温州名士薛弼此时提出建议，高宗还是移驾城内郡廨为妥。薛弼（1088—1150），字直老，永嘉梯云坊（今大高桥）人，政和二年（1112）进士，曾任沧州教授、监左藏东库、太仆丞。据叶适《故知广州敷文阁待制薛公墓志铭》载，他谒见宰相吕颐浩，称岛上毕竟条件简陋，设施不齐备，"无以安上躬，不如跸郡廨，增舟取材，皆有定所，民不加敛，扈从休息"，并"献策：请平其直、鬻官产"，提出通过出售官产来解决当时众多君臣经费开支问题。永嘉知县霍蠡也建议将官方没收的田宅出售以解决财政困难，采取公开拍卖的方式，买者各自出价，价高者得——这被称为我国官产竞标拍卖的开端，由此南宋成为官田转换为民田的黄金时代。这办法因公私兼顾，公正合理，受到朝廷的重视，予以普遍推广。绍兴二十九年（1159）二月十七日："权户部侍郎赵令譓言：江、浙、湖南、福建、川、广诸应司没官户绝田产，并行出卖……根据逐州军合出卖田宅细数及依温州作册，并限十日供申户部置籍"（《宋会要辑稿》）。

在孤屿上已经驻留了半个月的高宗，欣然采纳进城的建议。于是，二月十七日高宗一行浩浩荡荡进入城内，由五马街、新街来到州治所在。州治改为临时行宫，儒志坊张氏宅则为州治临时办公点。

据清乾隆《温州府志》记载：郡治建于华盖、松台两山之间，从东晋至宋元"悉仍故址"。市区中心广场路一带是温州历代各级文武官署所在地，今广场路小学即为当年的"州治旧址"。清道光年间，在府署东客厅发现雕镂精致的柱础四方。清代名臣梁章钜在《浪迹续谈》中认为，此即南宋行宫旧物。清郭锺岳《瓯江竹枝词》诗云："柱础犹堪认故宫，翠华曾驻宋高宗。"

温州百姓从未见过皇帝威仪，家家户户张灯结彩，焚香奉迎。百官百姓路旁叩拜，山呼万岁。皇帝御驾经行处，都有了新的名称。谯门成了朝门，高宗停驾垂问处，此后改名万岁埭。

随驾南迁的北宋历代皇帝神位、御容也被安放在相距不远的开元寺和天庆宫（位于华盖山）。开元寺成为临时太庙所在地，高规格的皇家祭拜场所。

三月份以来，南宋军队和金兵陆续打了几仗，金兵北撤，退至常州、镇江一带。宋高宗决定离开温州。三月十七日，高宗率百官扈从来到天庆宫拜别列祖神位，次日启驾，相传从城西北的安定门一路向东，经江山门、奉恩门出，从水路返回杭州。这三座新开的城门也因此得名。温州官员百姓一路送到江边，依依惜别。

皇帝贵为"天子"，能近距离亲眼一睹"天威"，对普通百姓来说必然是难忘的记忆。还未金榜题名的乐清士子王十朋，当时也挤在人群中，得以亲见天子威仪，心情久久不能平静，写下了一首诗《驾幸温州次僧宗觉韵》：

> 圣主南巡驻六飞，
> 邦人咫尺见天威。
> 间关高帝尚鞍马，
> 谨厚汉光犹绛衣。

「清辉」牌匾

北斗城池增王气，

东瓯山水发清辉。

伫看天仗还京阙，

无复旄头彗紫微。

高宗这次驻跸温州，前后一共停留 55 天，近两个月。后宫女眷直到绍兴四年（1134）十月二十一日方才"自温州泛海如泉州"。太庙神主直到绍兴五年二月十四日，"遣权太常少卿奉送"，才离开温州。累朝神御更是直到绍兴十三年（1143）八月初二，方才"遣吏部侍郎江邈奉迎"离温回京。

皇帝踏上温州的土地，是影响深远的重大事件，带来了温州城市地位的直线上升，北宋元丰时的"僻远下州"（叶适《题二刘文集后》），成为"次辅郡"。

暂留在温州的太庙神主和累朝神御，每年都迎来多次大规模的奉祭，这对温州来说也是一桩盛事。每年朝廷派大员主持大礼，众多官员参与，仪式非常隆重。

随着温州城市地位的上升，来任职的地方官员多为被贬职的朝中要员，陈傅良在《重修南塘记》中称"自中兴，永嘉为次辅郡，其选守盖多名卿大夫矣"。如丞相范宗尹、尚书章谊、丞相秦桧等，个个是当时的重臣。由于官多职少，官员调动频繁，任职时间都非常短暂。南宋统治不过 153 年（1127—1279），温州知州列名的已达 126 人，可见其任期大多只有一年几个月。时间最短的应该算是秦桧了。绍兴六年（1136），秦桧罢相后也被贬谪到温州任职。据文史学者潘猛补考证，秦桧在温州的任职时间极短，五月发文任命，六月正式开府，七月又接到绍兴府任命的通知，正式上班的时间不过七天。

胡珠生在《温州古代史》中统计，南宋温州知州由于治效显著，民间"绘像事之"的有卢知原、王逨、杨简，"生为立祠"的有曾炎，"迁官"的有赵思诚、曾逮、韩彦直、孙懋；被民众热爱和怀念的有黄仁荣、王伯庠、沈枢、赵师龙，受到时人赞颂的有程迈、王大宝、徐林、莫若虚、谢源明、莫之纯、巩嵘、王居安、史实、吴泳、赵与欢，后世《府志》列入《名宦》的有洪拟、高世则、张九成、楼钥、杨简、印应雷；由于营私、贪污、失职而受訾议的有秦桧、刘孝韪、王之望、王焕章、吕友直、施械、王梦龙、赵汝楳等。

南宋末年，温州的地位再度上升。宝祐元年（1253），太子赵禥（即后来的度宗）被封为永嘉郡王，温州成为度宗潜邸。咸淳元年（1265），南宋第六任皇帝度宗继位，温州因而升为瑞安府。

人丁兴旺

宋代温州社会相对安定，外来人口频繁迁入。据清华大学教授陈志华在《楠溪江中游古村落》（生活·读书·新知三联书店 1999 年版）一书中调查表明，永嘉楠溪江中游古村落的"芙蓉、廊下、鹤阳、渠口（原名瞿口），建于北宋"，这正是移民潮的结果。

温州历史上影响巨大的一次移民潮发生在唐末五代时期，闽地居民大规模迁移至温州，一是为避唐末黄巢起义军入闽之乱，二是为躲避闽越国内乱。温州文史学者胡珠生及其他专家根据志乘、谱牒、墓志、朱卷等现有可查资料，曾做过大致统计：唐到五代，全国迁入温州的有百多个族群，其中从福建迁到温州的近七成。这七成移民为避祸乱的占了近五十个族群，大多来自中原迁入闽越国的大族后裔。他们来温后，几乎奠定了现代温州居民的基础以及村落分布格局。

南宋时期，大的移民潮还有两次。建炎南渡时，众多王室贵胄、文武官员随高宗来到温州，据《建炎以来系年要录》载"中原士民扶携南渡，不知其几千万人""四方之民，云集两浙，百倍常时"。这些王室、外戚和文武官员，有不少人像发现世外桃源般，发现了山水明秀、工商繁荣的温州，于是定居此地，形成南宋温州第一次移民潮。

按《宋史·宗室世系表》，宋朝宗室分为三个支派，即太祖（赵匡胤）

支派、太宗（赵匡义）支派、魏王（赵廷美）支派。三个支派的后裔均有迁居温州者，分布于今乐清、永嘉、瑞安、平阳、苍南、文成等地，如赵定之扈驾来温，绍兴六年（1136）以疾赐镇温州，居永嘉望京里。居乐清者最多，乐清《赵氏宗谱》称"当两宫北狩，宗室徙温者二十八人"。宋太祖六世孙赵不繙住乐清城北石塘垟，世称"石塘赵"；宋太祖七世孙赵伯药迁乐清金溪，建花园自娱，人称"花园赵"；明

宋赵子游墓出土观音像拓片

王叔杲《玉介园集》也记载"宋南渡，宗室多徙温……寄居乐清，公（大理寺副赵性鲁）廿九世孙也"。

高氏是南宋迁居温州的外戚望族。安徽蒙城人高世则，英宗皇后高氏之族，为东南地区高氏三大始祖之一。绍兴年间为温州节度使，后定居温州。温州高氏主要散居于乐清、瑞安等地。瑞安阁巷柏树村元代出了戏剧家高则诚，乐清白象高垟因明代出了尚书高友玑而成为温州高氏著名的聚居地。身为高家女婿的叶适在《水心集》中写道："自余为高氏婿，颇得闻外舍事。始在京师，名

南宅者，宣仁后家也，王侯贵盛冠天下。逃乱转客留居永嘉。"

一些皇帝的随从官员后来也选择留在温州。如绍兴七年（1137）四月甲午，"少师万寿观使刘光世特许任便居住，从所请也。光世遂居温州。"南氏始迁祖南巘从高宗至温，后上表乞休，隐居乐清盘石，后裔繁衍温属各县；郑氏始祖随高宗至温后，居永嘉城内鲤鱼桥；冯氏始迁祖冯成为冯守信后裔，扈驾来温，居永嘉德政乡夹屿。

其他还有一些在温州任职的官员，任期满后就留居此地。原籍福建莆田的瞿氏，始迁祖于宋室南渡后任温州别驾，后挂冠隐居于乐清东联信岙；原籍福建福清的黄氏，始迁祖黄冈中于建炎元年（1127）补永嘉县令，遂居郡城。

南宋温州的这次移民潮，定居下来的多是非富即贵有家底的中上层人士，不仅拥有一定的财富和社会地位，同时受过良好教育，他们的到来显然对本地社会经济和文化艺术的发展，起到了促进作用。

水患灾害使本地伤亡严重，政府明令福建移民，因而又形成一次规模较大的移民潮。从隆兴二年（1164）到乾道九年（1173），温州接连发生水旱大灾，特别是乾道二年（1166）八月十七日的水灾，"潮退，浮尸蔽川，存者什一"（弘治《温州府志》）。《宋史·五行志》作"溺死二万余人"。《宋会要辑稿》载，次年四月十八日朝廷核实应纳身丁钱的"温州永嘉、平阳、瑞安、乐清四县逃移死绝人丁共一万四千七百九十五丁"。这么多的人员损失，严重影响农业生产。于是温州官府传檄福建各地，希望移民补籍，瑞安《汀川张氏族谱》引《王氏家乘》："是年郡守传檄福建移人补籍。"大批福建移民来温。

据《太平寰宇记》卷九九《江南东道十一》载，太平兴国年间（976—983）温州主户数是16082，客户数是24658；而百年后的元丰年间（1078—1085），温州主户数是80489，客户数是41427（《元丰九域志》卷五《两浙路》）。

"主户"指自有田产的人家，"客户"指租种土地的佃户。"乃乡墅有不占田之民，借人之牛，受人之土，佣而耕者，谓之客户。"（石介《徂徕先生文集》卷八《录微者言》）

从太平兴国四年的人口数量来看，主户数占总户数39.47%，远低于客户数的 60.53%，表明宋初租种土地的佃户为数众多，也就是无田少地的贫民和外来流民比例很大。而经过百余年的发展，主客户比例出现倒置，主户数占总户数 66.02 %，客户数占总户数 33.98%，这意味着大量客户通过垦田开荒，摆脱佃农身份，转化为自有田产的自耕农。

从总数上看，宋初的太平兴国四年温州户数是 4 万余，多于宁波、台州、金华等地（《太平寰宇记》卷九九）。百余年后总户数已达 12 万多，增长约 2 倍；主户数增长 4 倍，客户数只增长 0.68 倍，表明自耕农经济快速发展的态势。

南北宋之际人口数量也明显增加。《宋史》卷八八《地理志》载：北宋崇宁年间（1102—1106），温州户数为 119640；万历《温州府志·户口》载南宋淳熙年间（1174—1189），温州户数已达 170035，人口 910657。七八十年间增加 5 万余户，人口已达 90 多万。五六十年后的嘉熙四年（1240），温州知州吴泳赴任后，在《知温州到任谢表》中记："温州负闽带粤，在巨海极东，户口几二十万家。"说明这五六十年间，户数又增加了近三万，人口约有百万。"十万人家城里住"（《题赵明叔新居》），徐照的这句诗，形象地反映了南宋时温州城里人口稠密的现状。

南下北上的人们汇聚在这里，中原话、闽南话和本地的古越语交相融合，形成了较完整的温州方言体系，一直传承到今天。南戏剧本《张协状元》中就有不少俗语，让今天的温州人听了倍感亲切，如"老鼠拖个驮猫儿"。宋代温州学者戴侗（1200—1285）文字学名著《六书故》里，也大量采用家乡方言，如"喉咙"称"灵喉"，"河豚"称"乌狼"，臭虫称"茭虱"等。当时的温州方言经过千百年演化，不少发音仍保持不变。很多人都惊讶于温州话竟属于吴语方言区，事实上它和江浙沪一带的吴语相差甚远，无法沟通。但就是这种被认为是全中国最难懂的方言，恰恰保留着大量唐宋古音。《温州话辞典》主编、浙江文史研究馆馆员沈克成认为："唐宋时期的方言随着宋室南渡，迁徙到了交通闭塞的浙东南，形成了现今的温州方言；换句话说，现在温州人说的方言语系，跟唐宋时期非常相似。"

人口就是生产力，人多屋密带来了城市的活力，同时也难免隐藏祸患，比如火灾。《宋史·英宗本纪》载：北宋治平三年（1066）正月，温州城内烧毁民屋14000间，死亡人数多达5000——这几乎是死亡人数最多的一场大火。而《宋史》中关于温州火灾的记载还有多处：嘉祐三年（1058）正月，"温州火燔屋万四千间，死者五十人"；绍兴十年（1140）十一月，"温州大火燔州学、酤征舶等务、永嘉县治及民居千余"；淳祐七年（1247）八月，"温州试士，火作于贡闱"；淳祐十二年八月，"温州火燔城楼及四百余家"……乾道四年（1168），温州城内新河一带起火，殃及1185家，烧毁房屋1950余间，寺观四所，时任温州知州的王之望自知责任重大，给朝廷上了《温州遗火乞赐降黜奏札》，自请降职。

随着社会经济的发展，城市人口的增多，木结构建筑的大量出现，各地频频发生火灾，造成严重的人身财产损失，这已日益成为摆在城市管理者面前的一道难题。朝廷为此制定了一系列防范措施，包括推行火保制度和创建望火楼。

宋元丰年间（1078—1085），石牧之出任温州知州。他面对古城火灾频发的情况，建立了保甲联坐的火保制度。"预为约束，使知有犯连坐"，一旦出现火情，他便"亲率部伍"，不遗余力救火，取得显著的效果。

程迈任温州知州时，建起了望火楼。绍兴十年（1140）十一月的那场大火不仅累及千余居民，而且把官方的学校、县治机构及其他管理部门都烧毁了，损失惨重。痛定思痛，程迈下决心建起了望火楼，"为营官舍千区，开河渠，立望楼，结火保"，成效也很明显。

望火楼出自李诫《营造法式》，崇宁二年（1103）公布于世。根据《营造法式》规定，望火楼必须高于9.3米，站在望火楼上瞭望全城，才能一览无余。此前望火楼一般只建在京城，知州程迈却大胆在温州尝试，为全国作出表率，极大地推进了城市消防工作。

大地馈赠

晚禾未割云样黄，荞麦花开雪能白。

田家秋日胜春时，原隰高低分景色。

寒栗挂篱实累累，角田已收枯豆萁。

芋魁切玉和作糜，香过邻墙滑流匙。

牧童牧童罢吹笛，领牛山下急归吃。

菜本未移麦未种，尔与耕牛闲未得。

秋天是收获的季节，对农家而言，确实"秋日胜春时"。温州人许及之（1141—1209）这首《田家秋日词》写到了晚稻、荞麦、栗子、豆萁、芋头、麦子等多种农作物，金黄的晚稻，雪白的荞麦花，挂满枝头的栗子，过季枯败的豆萁，共同渲染着秋日的田野。从中可见宋代的粮食结构已多元化。

农业种植广泛采用复种等方式，高效利用土地，精耕细作。明弘治《温州府志》详细记录了农事的流程："春分时节，平田、浸种、下秧、通田。春夏之交分早秧，曰插田。又分晚秧插于空行之中，曰补晚。越二十日耘苗，至再耘、三耘而止，旱时用手车引水灌田。秋获毕，以竹荡取河泥壅之，开早稻根，漉晚苗，冬初收获毕，随即犁田晒过，间有低瘠田亩，则单插一季稻苗，其种麦者甚少。""山乡陆地则种麦、豆、桑、麻。"

水稻是南方主要的粮食作物，乾隆《温州府志》卷十五《物产》载："温州多美稻"，有白散、地暴、水棱、占城、软孕、百箭、白西、龙籼、磊晚、早糯、红罗障、金裹银、金水糯、青糯等品种，其中有不少为温州独有的种类。

大中祥符五年（1012），占城稻（产自今越南）的种植成功提高了粮食产量，为解决吃饭问题发挥了重要作用。当时江、淮、两浙路一遇旱情，水稻就歉收，因此朝廷大力推广抗旱的占城稻，派人从福建取来三万斛占城稻分给三路播种，"择民田之高仰者莳之，盖旱稻也。内出种法，令转运司揭榜示民"。占城稻和中国稻相比，穗长而无芒刺，对种植土壤没有要求，不挑肥拣瘦，优势显著，"最耐旱，有红、白二色"，那次三路试种，占城稻只在温州取得成功。

《谷谱》中有"温州稻，岁两熟"的记载，指的是软孕稻（也叫软秆稻、二稻），一年可以收获两次。"色白，粒大而味甘，以八月获，获后其根复苗，无异初稻，谓之孕稻，亦曰二稻，以十月获。佃者以先获入租，而以后获自赡及偿他负。其实出于一根，而有早晚之异。"

据《岐海琐谈》载，宣和元年（1119），温州知州苏起向朝廷奏报丰收的消息："既已收割，枯茎又复生穗，每亩得谷一石至七八斗"，说的是软孕稻"十月获"的亩产量。加上"八月获"的初产，每亩产量已近三石。

陈傅良于南宋淳熙十一年（1184）担任湖南桂阳军知军时，写有《桂阳军劝农文》中说："闽浙上田收米三石、次等二石"，劝导当地人改变粗放经营的农业生产方式，大力推广温州的龙骨水车技术，可见当时温州的农业生产属于领先水平。

由于气候的原因，温州适宜种植多种经济作物。叶适的诗中常常提及一种在温州极其普遍的经济作物："蜜满房中金做皮，人家短日挂疏篱"，金灿灿的外表下是如蜜般的甘甜，昼短夜长的冬令时节，挂满了家家户户的竹篱墙。这两句简直可以拿来设为谜面。不过诗的后两句已经揭示了谜底："判霜剪露装船去，不唱杨枝唱橘枝"，大量种植的柑橘，使叶适甚至创新地改杨枝词为橘枝词。

这一船船采摘运走的柑橘，显然是为了销售。叶适还有诗句称："有林皆橘树，无水不荷花"，柑橘，应该是宋代温州种植最多的经济作物了，《太平寰宇记》载为温州六种著名的土产之一，"液多而味甘，类乳"。远离家乡的温州人甚至见橘怀乡，在外任职的卢祖皋感慨赋诗，"为尔风流似故乡"（《种橘》）。

温州柑橘北宋时为贡品，名声在外。很多名人都盛赞温州柑橘，梅尧臣《和（嘉祐二年）正月六日沈文通学士遗温柑》诗中赞曰"竞传洞庭熟，又莫永嘉比"；苏轼《次韵曾仲锡元日见寄诗》称赞："燕南异事真堪记，三寸黄柑擘永嘉"；晁补之也有《洞仙歌》赞叹："温江异果，惟有泥山贵。驿送江南数千里。"王十朋在诗中更是写道"昔贡千金颗，遥驰万里函"（《知宗柑诗用韵颇险，予既和之，复取所未用之韵续赋一百三十韵》），可见温州柑橘品位之高，价格不菲，颇受名流推崇。

北宋时温州进贡柑橘到京城开封，路途遥远，百姓负担沉重，为此多有官员、乡绅进言，希望停止进贡。但朝廷几禁几复。南宋时运至临安，路程近了许多。每年霜降后，温州地方官员常常运一批柑橘，送给朝中权贵。据《建炎以来系年要录》记载，绍兴二十六年（1156）瑞安知县因运送万余只柑橘给权臣王会，作为其生日贺礼，被侍御史汤鹏举弹劾罢官。

南宋温州知州韩彦直专门为温州柑橘写下了一部专著《橘录》。韩彦直（1131—？），字子温。绥德（今陕西绥德）人。出身于将门，是抗金名将韩世忠之子。少年得志，绍兴十八年（1148）仅18岁即考中进士，随后在京城和地方上担任过各种官职，在理财、军事、外交等方面都显示出卓越才干，晚年致力于治史，编撰宋以来史事《水心镜》167卷。淳熙五年（1178），这位多面手的官员在温州知州任上编撰了《橘录》，成为世界上第一部柑橘学专著。英国学者李约瑟在《中国科学技术史》中称《橘录》是宋代诸多关于动植物专著中最有代表性的一部，"是任何一种文字中讨论这一专题的最早著作"。

《橘录》详细记述了温州柑橘的种植状况，看起来在涂泥中种出来的柑橘受欢迎，个大味美，销量很好，"四邑皆距江海不十里，凡圃之近涂泥者，实大而繁，味尤珍，耐久不损，名曰涂柑。贩而远适者，遇涂柑则争售。"

书中还罗列了诸多品种，如柑有真柑、生枝柑、海红柑、洞庭柑（种自洞庭山来）、朱柑、金柑、木柑、甜柑、橙子（永嘉植之不若古括州之盛，比年始竞有之）；橘有黄橘、塌橘、包橘、绵橘、沙橘、荔枝橘（橘多出于横阳）、软条穿橘（又名女儿橘）、油橘、绿橘（横阳人家时有之）、乳橘（又名漳橘，其种自漳浦来）、金橘、自然橘、早黄橘、冻橘、朱栾、香栾、香圆、枸橘等27 个品种。

韩彦直对其中的真柑极为赞赏，认为"在品类中最贵可珍，其柯木与花实皆异凡木。……始霜之旦，园丁采以献，风味照座，擘之则香雾噀人。"在温州四个县中，他最为推崇的是平阳泥山（今苍南宜山）出产的柑橘，南塘柑橘也一年比一年高产，"比年尤盛"。

27 个品种中的海红柑即瓯柑，是温州特有的柑橘品种，今被列为中国国家地理标志产品。果肉多汁，初尝微苦，先苦后甜，有人称之为"先苦后甜堪品味，个中三昧似人生"。1990 年被北京亚运会指定为运动员专用水果。瓯柑耐贮藏性优于其他柑橘品种，果实经过贮藏，即使过了一个冬天，色味犹新。温州民间素有"端午瓯柑似羚羊"的说法，《本草拾遗》《随息居饮食谱》等专著均有瓯柑药用价值的介绍，清《瓯乘补》卷三也载："人之珍瓯柑者，以其能辟煤毒。京邸岁除，登荐乃成年例。遇柑稀少，虽颗值二三百钱，必皆求之。"

明代，温州柑橘被日僧智慧传到日本，几经嫁接、改进，培育出无核柑新品种，定名为"温州蜜柑"，在日本广为种植。近代温州留日学生许璇学成归国时，又将这经过改良的"温州蜜柑"果苗带回温州进行栽培，成就了一段中日文化交流的佳话。

除柑橘外，茶叶也是宋代温州重要的经济作物。多山的温州，自然条件适宜种茶。虽然与当时的名茶建茶、日铸茶、卧龙茶等相比，温州茶叶并不是最知名的品种，种植面积也不如柑橘，但仍是民间的一项重要副业。"中妇扫蚕蚁，挈篮桑树间。小姑摘新茶，日斜下前山"，"永嘉四灵"之一的诗人徐照《春日曲》生动描绘了春日村妇采桑采茶的劳动场景。

当时茶与盐、矾一样都被政府列为专卖，是重要的征税商品，称榷茶制度，设置"茶引"，即茶商纳税后由官厅颁发的运销执照。嘉祐六年（1061），全国设立荆南府、汉阳军、蕲州蕲口、无为军、真州和海州等六处茶叶贸易官方管理机构，温州归属海州。"海州祖额钱三十万八千七百三贯六百七十六文，受纳睦、湖、杭、越、衢、温、婺、台、常、明、饶、歙州片、散茶共四十二万四千五百九十斤。"

唐初，茶圣陆羽在《茶经》中引《永嘉图经》："永嘉县东三百里有白茶山"。《唐书·食货志》亦载"浙产茶十州，五十五县，有永嘉、

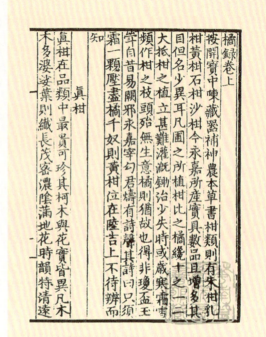

民国十年上海博古斋影印《百川学海》本书影

韩彦直《橘录》书影

安固、横阳、乐城四县名"，可见温州各县均有产茶的区域，其中尤以平阳较为突出。北宋崇宁元年（1102），朝廷下令产茶各州设立茶场，温州茶场即设在平阳，表明平阳已成为浙江主要的茶叶产地之一。宋徽宗在《大观茶论》中评价"茶之为物，擅瓯闽之秀气"。

宋代茶色分片茶和散茶两大类。片茶档次高于散茶，这两类中又各有等级之分。温州所产片茶等级数是"大卷中等"，未达"上等"；散茶品质则与杭州、苏州、湖州、婺州、处州、衢州等诸州并列。

温州还出产中药材，以蓬莪术最为知名。宋嘉祐年间（1056—1063），福建籍官员苏颂受诏校编医书。为了改变以前书中错讹之处，他建议让各路州县派人将当地产的药材仔细辨认根、茎、苗、叶、花、实、形色、大小，能入

药的一一画图，并说明开花、结果、收采时间及所用功效。朝廷采纳了他的建议，向各地下令进献药材。温州奉旨进献了天门冬、石斛、生姜、狗脊、蓬莪术等药材及植物标本，并逐件绘图，载入苏颂编撰的《本草图经》。这是中国药学史上第一部由政府组织编绘的版刻药物图谱，先图后文，每药图之上都标明产地，一药一图，或一药数图，反映了北宋时期药品的分布情况与药物形态，为后世药物品种考证留下了珍贵的资料。

其中《温州蓬莪术图》标明"温州"出产，蓬莪术即温郁金，主产于瑞安、永嘉、龙泉等地，质量居全国之首，是有名的"浙八味"。2008 年瑞安温郁金获国家地理标志产品。

靛草在温州的种植历史也很悠久。靛草即蓝靛，草本植物，《诗经》中的"采蓝"。经浸泡、加灰、打花、沉淀等几个步骤打制而成靛青，即为印染蓝布的染料。蓝靛的种植在中国有 3000 多年历史，且地域分布广泛。温州永嘉、乐清、瑞安等地都多有种植，俞光编《温州古代经济史料汇编》中引永嘉《胡氏宗谱》，记载了永嘉楠溪胡氏兄弟种靛草发财的事例。楠溪人胡永发（1043—1100）"偕两弟发生和生成迁居（四十九都）九里溪谷中，以栽靛为业，克获厚利。遂买其山，以贻子侄衣食之资，世守勿替。后人因名其所居之处，外曰胡家溪，底曰胡坑。此山买自皇宋，历代租与闽人栽靛"。

官民治水

南宋温州诗人林景熙（1242—1310）把河道比作人身上的血脉，他在《州内河记》中写道："邑犹身也，河犹血脉也。血脉壅则身病，河壅则邑病，不壅不病也"，血脉堵塞了，人自然就要生病。

疏通城市血脉，是温州历代持续在做的一件大事，事关农业生产，事关交通便利，事关水患灾害，总之一句话，事关老百姓生活的幸福指数。

河道的堵塞与人口的繁衍、生产的发展、建筑的密集分不开，"桥水堤岸而为屋"（叶适《东嘉开河记》），房子建得越来越多，甚至有搭建在河中的"驾浮屋"，日益挤占河道空间，加之疏浚不及时，河道污染变得严重，以至于"大川浅不胜舟，而小者纳污藏秽，流泉不来，感为疠疫，民之病此，积四五十年矣"。数十年的快速发展后，治理河道成为摆在许多地方官员面前的一道重要课题。

宋代朝廷在这方面不断引导，特别注重对内河河流的疏浚，解决水资源利用问题，并将此作为考核官员政绩的重要指标。庆历四年（1044）宋仁宗明确下诏："自今在官有能兴水利、课农桑、辟田畴、增户口，凡有利于农者，当议量功绩大小，比附优劣，与改转或升陟差遣……其或陂池不修、桑枣不植、户口流亡之处，亦当检察，别行降黜"，将水利治理的成效和官员升迁直接挂钩。

在朝廷政策的激励下，温州地方官员无不将兴修水利作为执政的主要政绩之一，因而两宋时期兴修了大量水利。据史料记载，温州四县共修建陡门137 座，疏浚河道 83 条，修建埭堰 271 处。这从温州地名中多有"埭""塘""陡门"字样也可见一斑。"塘"，堤岸之意，有石塘、南塘、塘下、内塘、塘沽外等地名；"埭"，堵水的土坝，有万岁埭、河埭桥、宋家埭、埭上、埭下、埭头、夏埭、河口埭等地名；"陡门"，即斗门，指水门中闸，温州有上陡门、陡门头等地名。

治平年间（1064—1067），乐清县令焦千之在县西八里永康乡一都建石马印屿埭及石塘，长三十丈。

熙宁三年（1070），乐清县令管滂于东溪建石塘，引导河水自塘南入海，十余年而无水患。

元丰四年（1081），温州知州李钧、瑞安县令朱素等率众建石岗陡门。此为南塘河（今温瑞塘河）排洪蓄水的重要枢纽，也是温州率先采用条石代替木头砌筑的水利设施，堪称温州古代陡门建筑史上的一项创举。

绍兴二年（1132），乐清知县刘默发动民工，修筑乐清至琯头 50 里海塘，

瑞安石岗陡门

后人称为刘公塘。

淳熙四年（1177），温州知州韩彦直，招募民工 13000 余工，疏浚永嘉环城河两万三百余丈。是年，叶适撰写《东嘉开河记》。

淳熙十三年（1186），温州知州沈枢重修南塘河 70 余里，俗称"七铺塘河路"，次年竣工。陈傅良作《重修南塘记》。

淳熙年间（1174—1189），左司议蔡必胜率众修万全塘，自平阳城北至飞云江南岸长 35 里。

嘉定五年（1213）温州知州杨简倡导平阳江南官民修筑下涝陡门、塘湾陡门、塘埔陡门、江西陡门、新陡门、萧家渡陡门等六座陡门，人们称之为"嘉定六陡"。

官员投入水利建设的例子比比皆是。有很多水利工程能够顺利实施，也是官员与当地乡贤共同努力的结果，如金乡、肥艚的水利建设有赖于林仲彝、林居雅叔侄与平阳县令汪季良的相互支持、通力协作。林仲彝在家乡出资兴建乌屿、新潜、湖南三座陡门，并开凿河道多处，四乡农田都能得到灌溉。为了筹集工程经费，林居雅甚至"毁居以助"，变卖家产。为建阴均陡门，汪季良与林居雅多次赴现场勘测地形，拟订修建计划。嘉定元年（1208）开工建设，第二年即完工。大埭长 80 丈（267 米），陡门共三孔。排涝、排灌面积达数万亩。这是今苍南县现存历史最久、规模最完整的水利枢纽工程。朝廷褒林居雅"水利迪功郎"称号。温州知州杨简亲书"遗爱恩波"大字，刻石立碑于阴均陡门旁。汪季良逝后，当地百姓建阴均庙，供奉汪季良为"阴均大王"，又将林居雅的塑像配祀于该庙。可见百姓对这些治水功臣的感激之情。

每逢重大水利工程实施，地方官员也会邀请名人撰文记载，甚至刻石立碑。淳熙四年（1177），叶适作《东嘉开河记》，记载知州韩彦直自掏腰包 50 万，弥补官方经费的不足，招募民工上万人开河两万余丈的壮举，"取泥出甓，两岸成丘"。

淳熙十二年（1185）、十四年（1187），陈傅良相继写就《重修石岗陡门记》和《重修南塘记》，揭示了温瑞平原上最重要的水利设施——海塘及其配套陡门的修筑历史，记录了温州知州沈枢主持发动修筑南塘的始末。南塘原本是就地挖掘土方夯筑而成的堤塘，根本经不起汛期湍急水流的冲击。要想彻底改变堤塘状况，必须以石代土，筑成石质堤路。这项浩大的工程最后投资一千一百万钱，却没有收取老百姓筹集的六百五十余万钱，老百姓当然很高兴，认为这次修塘非常成功，是一件值得大书特书的丰功伟绩。"或为诗谣，或香火以祝公"，不仅写诗词歌谣赞美沈枢，并且焚香祝颂。

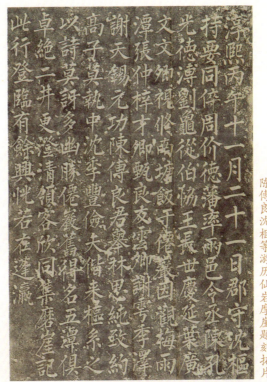

陈傅良沈枢等游历仙岩摩崖题刻拓片

平阳乡贤吴蕴古三代四修沙塘陡门的动人故事，也是通过宋之才绍兴十八年（1148）所作《沙塘陡门记》，以及徐谊淳熙十二年（1185）所作《重修沙塘陡门记》，得以流传至今。

沙塘陡门位于瑞安、平阳交界之处，其时有 84 条溪流汇集于此入海，可以灌溉良田 4000 顷，是瑞平平原最重要的水利设施。原先周边只有简陋的塘埭，"决于既溢，塞于将涸"，难以旱涝保收。绍兴十五年（1145），平阳人吴蕴古"费银 13 万余"，建成沙塘陡门。然而不料仅仅一年，耗资不菲的陡门就在洪水中被冲毁。第二年，吴蕴古之子吴通直挑起了集资重建的重任，并在平阳县丞范寅孙的支持下，"役工四千，糜钱百余万"，终于完成了这项浩大工程，佑护了平瑞百姓近 20 年。乾道二年（1166），温州历史上最惨烈的大水灾再次冲毁陡门，老百姓的生命财产遭受了巨大损失，官方拨款修复。淳熙二年（1175），陡门再度损毁，吴通直之子吴国学率众重修陡门。又 10 年后，陡门木腐土溃，平阳县令委托吴国学再次集资修复。四十年间仅吴家就牵头四修陡门，温州先民同水患灾害的抗争，称得上艰苦卓绝。

这些文章不仅记录了水利工程建设的过程，而且记录了不同时期技术手段的进步、管理水平的提升，为后世存留一份珍贵的历史档案。

《沙塘陡门记》表明，南宋初温州已采用木桩技术建筑陡门，即用木桩将陡闸固定在塘岸上。"乃用巨木交错，若重屋者凡七间，周以厚板，柜土其内，用以壅截河流，连络塘岸。虚其中三间之上增置闸焉，其左右上下又沉石攒楗，功不可计，以护土力，以敌水势。"木桩技术大大提高了陡门的牢固度。

《重修沙塘陡门记》提到沿江有涂，募民耕种，"岁收涂租以资葺理公费"，这是温州以涂养陡的最早记载。此前温州水利建设的资金靠官府拨款和民间集资，而以涂养陡则是通过建塘使塘内泥涂转变为涂田，增值收入用以水利建设，这大约就是温州水利建设市场化的雏形。该记还提及陡门各部件"以蜃灰锢之"，蜃灰就是砺灰，这是温州使用砺灰的最早记载。

《重修石岗陡门记》则记录了温州陡门建筑中的两项重要技术。一是木鹅选址。陡闸选址是工程成功的基础，既要近海，又应是河流汇合处，才能最大限度地发挥陡闸的泄蓄功能。人们当时采用的方法很原始，却也很管用，即利用发大水之机，在各条溪流的源头放出数十只木鹅顺水漂流，结果发现这些木鹅陆续汇合于石岗之地，因此得以确定陡门的位置。

二是以石代木。南宋以前，温州陡门的大部分构件都是木质材料，年久易腐，"以石代木"技术则大大延长了陡门的使用寿命。这一改进，很快被推广到各地，平阳县重修沙塘陡门时，"凿石为条、为板、为扦、为块，自斗吻及左右臂闸之上下，柜之表里，牙错鳞比，以蜃灰锢之"，除了闸板及起落装置，其他部件几乎都用石料取代，一直沿用至近代。

《重修南塘记》也记录了温州堤塘建筑技术的重大进步。宋代以前温州的塘埭均用土筑，抗冲击力差。北宋开始，土塘改石塘，巨石铺砌在塘面，大大延长了堤塘的使用寿命。乐清东塘、平阳万全塘等都采用石塘技术，故至南宋淳熙时，"有石塘百里所"。

商人商港

"其货纤靡，其人多贾"，绍兴元年（1131），时任中书舍人兼侍讲的衢州人程俱（1078—1144）游历温州，他经过细致观察后，不由发出这样的感叹（《席益差知温州制》）。

温州确实市场繁荣。州城朔门平市坊东侧永宁桥一带是商业中心，北宋

元王振鹏《江山胜览图》（局部）

时期就热闹非凡，杨蟠《永宁桥》一诗描述了"过时灯火后，箫鼓正喧阗"的景象，直至南宋中叶，依然是"自南城至永宁桥，最为穰富"，戴栩在《江山胜概楼记》中描绘了"市声喧洞彻子夜，晨钟未歇，人与鸟鹊偕起"的画面。

有"元代界画第一人"之称的温州画家王振鹏生活在宋末元初，其代表作《江山胜览图》生动地描绘了宋代温州街肆上的场景——各类商品集中贩卖的药市、鱼市、马市、供品市等鳞次栉比，象牙、陶瓷等工艺品琳琅满目，商贩、买家熙来攘往。街头还有背着琵琶和弹奏类乐器的艺人，有兴高采烈玩着蹴鞠游戏的市民，有围拢来看杂剧表演的行人，喧闹的市井氛围、浓郁的娱乐气息扑面而来。

当然，小商小贩维持生计或许不难，但想真正靠经商发财致富也着实不易。学者周行己（1067—1125）在《何子平墓志铭》中讲述了北宋成功商人何子平的故事。永嘉人何子平出身于商业世家，祖父、父亲都以经商闻名，他从小耳濡目染。长大后外出经商，虽然开头并不顺利，频频遇挫，但他毫不气馁，不断总结经验教训，"尽知四方物色、良窳多寡与其价之上下"，选择货物的眼光独特，经营方式灵活，终于富甲一方。周行己并没有戴着有色眼镜看待商人，他认为商人的成功也很了不起，不仅与家庭影响有关，更重要的是在不断历练中积累的经营智慧，"平生直谅用心、勤久之效"。

温州有位著名的海商张愿，南宋文学家洪迈（1123—1202）在《夷坚支志》中称他为"巨商"，

《夷坚志》书影

这个商业家族在"世代为海贾"的过程中积累起惊人的财富。洪迈讲述了张愿在海上遇险的故事：张愿之前在海上已往来数十年，从未发生过意外。但绍兴七年（1137）出事了。船在海上遇到大风，无法掌控方向，自行漂荡了五六日。这天见到海上有座山，山上有修长的竹子高耸入云。张愿即离船登岸，伐了十竿竹，打算用来做船篙。刚砍完竹子，就见一位白衣老翁出现了，他斥道："这可不是你应

温州海域洋流分布

当停留的地方。赶紧离开，不要拖延！"张愿拱手说："我们在海上迷路了，恐怕要葬身鱼腹了。老人家可否给我们指点一下回家的方向？"老人指向东南方。他们顺利地回到了家。那砍下来的十竿竹，已经用掉了九竿。船靠岸时，有日本人（倭客）和马来人（昆仑奴）望着竹竿大呼可惜。等到船停稳，众人

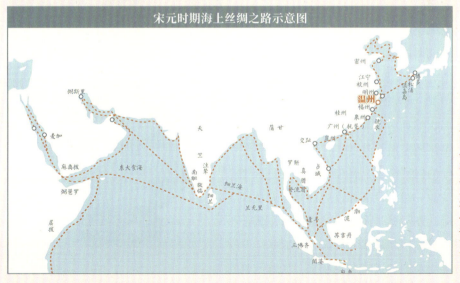

宋元时期海上丝绸之路示意图

温
州
海
域
洋
流
分
布
图

宋
元
时
期
海
上
丝
绸
之
路
示
意
图

发现船内还留有一竿竹，都争着要买，而且说不论价格多少。张愿想他们大概是志在必得的，试着出了二千缗（1缗1000文）的价，众人二话不说就答应了，马上去取钱。张愿觉得亏了，又加价到五千缗。双方订立了买卖合同，一手交钱一手交货。后来张愿才知道，原来这竹叫宝伽山聚宝竹，立于海中会吸引来海里各种宝贝。这下张愿真的后悔了！

这故事从侧面反映出，当时温州有不少日本、东南亚客商。另一方面当然也说明，常在海上闯荡的人固然赚了大钱，但也承担着巨大的风险，稍有不慎就可能葬身鱼腹。"商人重利轻别离"，一去数月甚至经年，这样的生活经历想必也不是很多人愿意体验的吧？

巨富海商名声在外，常常会被各方力量所利用。官方倚重他们做慈善，或建设公共设施。淳熙十五年（1188），温州"有流徙之民"，知州楼钥"招来海商，存抚赈恤"（宋楼钥《攻媿集》卷21《论流民》），让他们出钱抚恤流民。嘉定十年（1217），知州巩嵘"利诱海商二十人"，每人出资造艨艟大船一艘，这么多船想必是为政府所造。

不法之徒也常常会觊觎他们的财富。据南宋词人周密（1232—1298）所著《癸辛杂识》别集卷上《陈宜中父》记载，南宋末年，温州人、南宋末任宰相陈宜中岳父葛宣义即为海商，居温州城东门外外沙，"资累巨万"。他的财富招来了强盗，半夜闯进家中洗劫一通。后来陈宜中任福建安抚使时，查明那些强盗竟是福州海巡属下的官校。可见温州海商名声在外。

海商们进行贸易往来，架起了物

慧光塔出土的北宋蓝色磨花玻璃舍利瓶

北宋九花瓣式漆碟

南宋瓯窑青釉褐彩铭文瓷洗

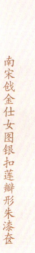

南宋戗金仕女图银扣莲瓣形朱漆盒

北宋识文描金堆漆舍利函

资流通的桥梁。外来客商利用海路向温州输入的多是香料、香水、象牙等舶来品。温州慧光塔曾出土一件蓝色磨花玻璃瓶，仅9厘米高，通体透明，瓶身呈折沿、长颈、球腹、喇叭形圈足的造型，绕肩部一圈有十二颗橄榄形磨饰，腹部还有三组磨刻折枝草花纹。这件玻璃器皿属典型的伊斯兰风格，被收入《中国大百科全书·考古学》，显然是当年通过海丝之路来到中国的商品。

温州输出的货物则多为青瓷、漆器、丝绸、蠲纸等手工业品。宋代龙泉

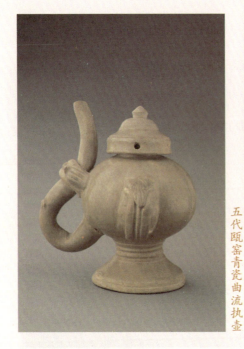

五代瓯窑青瓷曲流执壶

北宋青瓷观音菩萨坐像

出土漆器铭文

青瓷是第一大宗外贸物品，瓯江沿岸诸多的龙泉窑烧制出瓷器，均需从温州港中转出海至世界各地。一条海上丝绸之路其实就是海上陶瓷之路。一批北方和内地窑场生产的陶瓷在温州陆续出土，说明不仅本土的瓯窑、龙泉窑瓷器外销从温州港出发，而且外地陶瓷也汇集到这里转运出口。

温州漆器称"天下第一"，制作精美，广受欢迎，专卖店开到了京城。据北宋开封人孟元老所著《东京梦华录》和南宋钱塘人吴自牧所著《梦粱录》

记载，北宋都城开封和南宋都城临安都设有专卖温州漆器的商铺。开封有"温州漆器杂物铺"，临安有"彭家温州漆器铺""黄草铺温州漆器"和水漾桥下的"温州漆器铺"。不少漆器上标记"丁卯温州开元寺黄上牢""温州新河金念五郎上牢""庚申温州丁字桥巷廨七叔上牢"等字样。"上牢"指产品坚固耐用，质量上乘，是对自己产品质量的一种承诺。产地标明"温州"，足见温州漆器已成为名牌产品。还有的明确标注制作商家，如新河金家念五郎、开元寺黄家、丁字桥巷廨七叔等，则体现了温州人早期的广告意识。

茶叶、柑橘也大量外销，柑橘尤以质优价高闻名，如温成皇后喜欢的金柑，在京城卖出了大价钱。韩彦直在《橘录》中记载："海红柑，……今都下堆积道旁多有此种""金柑：……都人初不甚贵，其后因温成皇后好食之，由是价重京师""摘青：舟载之江浙间。青柑固人所乐得，然采之不待其熟，巧于商者间或然尔"，有的商家还巧妙地利用时间差，不等青柑成熟就采摘下来，待经过几天运输到达目的地后，口感及成熟度恰到好处。

温州出产的食盐也是外贸商品。生活在海边的温州人早已掌握了用海水晒制成盐的技术。唐天宝元年（742），朝廷在温州设置永嘉盐场，大历年间（766—779），全国海盐设四场十监，永嘉场列为全国十监之一。宋代有较大发展，制盐技术不断改进创新，形成"刮泥淋卤""摊灰淋卤"等制盐程序及

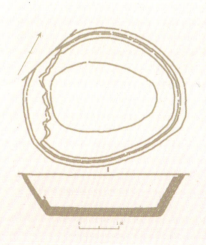

洞头九亩丘盐灶遗址

方法。据《宋史·食货志》记载，至道三年（996），温州的天富南北监下辖密鹦、永嘉二场，年鬻盐七万四千余石（以每石50斤计），合1850吨。熙宁五年（1072），两浙"以岱山及二天富炼海为盐所得最多"，可见温州产盐量在两浙路名列前茅。至南宋绍兴二十九年（1159），"温州岁出盐三万五千余袋"（《浙江通志》卷八十三《盐法上》），即21万余石，较北宋已大为增加。

此外，还有鱼鲞、粮米、细纻布等各类物品，都从温州港出发。北可到明州、临安，南可到泉州、广东，然后再运往海外。

南来北往的船只在水上穿梭，呈现出一派繁忙景象。吴自牧《梦粱录》中记载："若商贾止到台、温、泉、福买卖，未尝过七洲、昆仑等大洋；若有出洋，即从泉州港口至岱屿门，便可放洋过海，泛往外国也。"温州和泉州

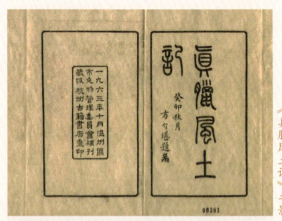

《真腊风土记》书影

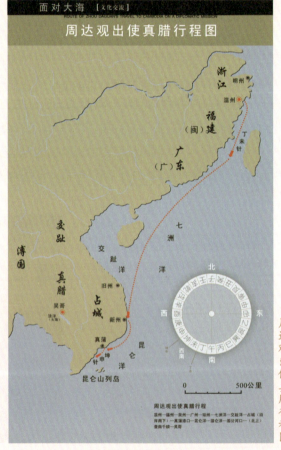

周达观出使真腊行程图

之间是海上交通的热线，"永嘉四灵"诗人翁卷《送翁应叟》诗中有这样的描述："远自刺桐里，来看孤屿峰"，"刺桐"即今泉州，可见往来便利。

越来越多的人通过海上航线走出了国门。北宋咸平元年（998）温州人周仁（？—1024）乘海船赴高丽，原本计划是做生意，不料却因文才出众被举荐给高丽王，颇受赏识，授以官职，专门负责写外交文书。日益得到重用，官至礼部尚书。他因此定居高丽，卒于高丽，未再回乡。《高丽史》有传。周仁被认为是温州华侨的先驱。

也有人去了越南。据南宋丽水人俞文豹（生卒年不详）写于淳祐十年（1250）的《吹剑录外集》记载：永嘉人王德用兄弟卖了家中的房子、田地，伪造国书去越南面见国王，骗取了国王的信任，待以厚礼。最终事情暴露，受到惩罚。

还有人去了真腊。元代温州人周达观出使真腊时，巧遇老乡薛氏，薛氏自述"居番三十五年矣"，推算一下，他去真腊大约在景定年间（1260—1264）。可见温州侨民留居国外已不在少数。

温州自唐代就与日本之间有直达航线，宋代以来也常有日本商船出入温州、台州一带。绍兴十五年（1145）十一月十六日，"日本国贾人有贩琉黄及布者，风飘泊温州平阳县仙口港。舟中男女凡十九人。守臣梁汝嘉以闻，诏汝嘉措置发遣"。日本商船漂至温州的事情，发生过很多起。

由于"商舶往来，物货丰聚"，大宗货物交易越来越多，以至于迄今所见重量为国内第二的古代大铜权（秤砣）出现在温州。这枚1972年在瑞安仙降垟坑村出土的铜权，铸造于北宋熙宁十年（1077）。高33厘米，底径21.5厘米，重达62.5公斤，仅次于湖南省湘潭市易俗镇出土的重达64公斤的北宋景祐铜权。铜权外形呈大环钮、六瓣瓜棱腹、覆盆式底，上下边缘铸有葵花十二瓣。腹面还錾刻15行铭文，共计168字。有意思的是，铭文中有"壹佰斤"字样，计算可知，宋代每斤约为625克。

频繁而大量的交易，使得温州商税大幅增加。据《宋会要辑稿》载：熙宁十年（1077）以前，温州商税满打满算两万多贯，"温州旧在城及瑞安、永嘉、平阳、前仓、柳市镇六务，岁二万二千一百四贯"。而熙宁十年当年，仅温州在城商税就大大超过此前六务的总数，"在城二万五千三百九十一贯六文，瑞安场六千二百八十七文，永嘉场四千七百三贯九百九十九文，平阳场二千四十一贯二百三十四文，前仓场一千五百一十二贯一百三十文，乐清场二千四十九贯七百九十四文"，可见增长速度之快。州城北务设在"小市鱼虾散寂寂，大江风浪来冥冥"（叶适《登北务后江亭赠郭希吕》）的瓯江边，"日招税钱三万亿"，这税钱在诗人笔下当然不是实数，但也可见其数量可观。

温州作为商港的地位历来很重要。早在五代十国时期，吴越国就看到了温州港贸易的商机，在温州设立"博易务"机构，管理海上贸易。南宋初年高宗驻跸温州后，即领悟到"市舶之利最厚，若措置得宜，所得动以百万计"（《宋会要辑稿》），于是在温州设立"市舶务"，同时设立"来远驿""待贤驿""容成驿"等，专门用于接待外商、外宾。

市舶机构的设立是南宋温州海外贸易兴旺的主要标志。市舶机构类似于海关的职能，宋代市舶制度创立于宋太祖开宝四年（971），设立的第一个市舶机构是广州市舶司。此后又陆续于杭州、泉州等地设立市舶司。

据《宋史·职官志》载："提举市舶司掌蕃货、海舶、征榷、贸易之事，以来远人，通远物。"提举市舶司作为专职管理机构，其职责包括：征收中外商船货物的税，对海外进出口货物实行抽解、禁榷、博买，制发海舶出港许可证并检查货物，颁发舶货贸易许可证等。

元丰三年（1080），宋廷颁布《市舶法》，以纠正抽解法中存在的弊端，如规定"抽解法有定数"（《宋会要辑稿》），不但在全国范围内统一了关税税率，还通过将舶货分成粗细两类，分别征以不同的税率，在一定程度上减轻了海商受到的盘剥。另外，《市舶法》颁布之后，关税税率也大幅度下降，从太宗朝的"抽解二分"到真宗、仁宗时的"十算其一"，最后到神宗时降为"十五取一"，降幅明显。

税率的降低大大促进了海上贸易的繁荣，同时也给宋朝廷带来了丰厚的利润。北宋中期，国家财政收入40万余缗，南宋高宗时期，财政税收为1000万余缗，市舶税占10%。

宋代两浙路有五座城市设置了市舶机
构，"两浙路惟临安府、明州、秀州、温州、
江阴军五处有市舶"（《宋会要辑稿》）。
温州是南宋设立的第一个市舶务。据考证，
温州市舶务应设在城区府学巷，曾不慎遭
遇火灾。《宋史》卷六三《五行》二上载：
绍兴十年（1140）"十一月丁巳，温州大
火燔州学、酤征舶等务、永嘉县治及民居
千余。"征舶务即市舶务，可见邻近州学
和县治。宋代温州州学在今城区公园路原
工人文化宫旧址，县治在今府学巷。据此
可知，市舶务应设在府学巷一带。

北宋熙宁十年铜权

　　温州市舶务的职责初时由现任通判兼管，后高宗接受两浙市舶司官员的
意见，认为由现任地方官员兼管市舶务，难以称职，特从富有经验的明州、秀
州市舶机构中抽调官员充任温州市舶务监官，主管抽买舶货收支钱物。

　　越是贸易繁荣的城市，市舶务的权力显然就越大，对官员的廉洁自守也
是巨大的考验。嘉定十二年（1219）十二月二十三日，"新通判饶州徐习罢新
任，以殿中侍御史盛章言其顷倅（通判）永嘉，大商漏舶乳香值以万计，所犯
非轻"，《宋会要辑稿》中的这一记载表明刚刚上任饶州通判的徐习因在温州
兼管市舶务时，帮助商船逃税，数额巨大，"值以万计"，属于严重失职，以
致被劾罢新任。

　　普通市民肯定不会关心这些官场上的沉沉浮浮。他们更关注自己的生活，
尤其温州人，特别注重生活的享受，讲究生活的品质。叶适在《温州开元寺千
佛阁记》里提到："毷衣卉服，交货于市，四民之用，日以侈矣。"皮毛、葛
布制作的衣服在市场上买卖，老百姓的日常用度显得比较奢侈。戴栩在《江山
胜概楼记》里则描绘了街道上的情形："廛肆派别，阛阓队分""高车大盖，
填巷塞途"，街巷间熙来攘往，车水马龙，显然这是个热气腾腾的城市。

宋韵温州

南宋安徽人方回（1227—1305）曾在温州生活过一段时间，他在《送杜景齐归平阳》诗中写下了记忆中温州美好的生活：

每忆东瓯郡，柑花入梦香。

市人无素服，田妇亦红妆。

鲎蟹丰渔户，犀珠聚缫商。

年登犹足乐，何必艳钱塘。

这是一座生活气息浓厚的城市，人们穿着讲究，田野村妇也都妆服艳丽。有鱼虾美味，有柑橘飘香，有珠宝璀璨，有商贸汇聚，在方回的心目中，这样的城市可一点不输给都城杭州啊！

的确，一座热气腾腾、令人念想的城市，多半离不开百姓日常生活的衣食住行、柴米油盐。宋代温州商品经济发达，人称"东瓯名镇"。农产品、手工业品等商品化程度较高，城区百姓的生活供应，包括粮食也大多依靠市场上的店铺买卖。王振鹏《江山胜览图》描绘的城区江滨港口一带，各类商店林立，市场交易繁忙，娱乐活动丰富，人间烟火气息扑面而来。

随着商品经济的活跃，吃穿用度等各类物品还通过水路运到外地，换回白花花的银子。南宋吴自牧曾言"明、越、温、台海鲜鱼蟹鲞腊等货，亦上潭通于江浙"，鲨鱼皮、石首鱼、虾干、鱼鲞等数十种海产品深受外地客户的喜爱，不少品质优良的海鲜还成为贡品。细麻布等纺织品，也被商人运输到扬州等地出售。

宋代温州人的生活质量较前朝有了较大程度的提升，甚至渐成攀比奢侈之风。有钱人家建起"隆栋深宇"，在私家园林中种植名花异木；出行时富家子弟"高车大盖、填巷塞途"，路上行人则"冠裳履服"，从服饰上几乎看不出身份的贵贱。街头酒肆生意繁忙，斗茶喝酒十分闹热。小门小户的市井百姓，虽不如豪强大户奢靡，但基本也可通过勤劳双手，从事农业种植、造船捕渔、行商走贾，及各类手工业制造，换取衣食住行所需之资。

第二章
百姓的衣食住行

织绢缉麻

"奴家命恁穷，此身无所用。织绢更缉麻，得人知重。感得，诸天打供，又遭遇李大公。"南戏《张协状元》里的女主人公的这段唱词，表明了自家身份，这个自幼失去父母的孤女就是靠"织绢更缉麻"来维持生计。

《张协状元》是迄今发现的最早的南戏剧本，由温州九山书会才人编纂，讲述了落难书生张协得到贫女救助，与贫女结成夫妻，中状元后又忘恩负义的故事。

剧中女主人公显然是来自底层的女性，编剧为她设计了最常见的谋生手段，行走在"桑麻径里"，于"勤苦村庄机织"赚取"白日三餐"。这应该也是宋时温州女性在手工业方面的重要技能，从事纺布制衣的活计，城乡上下"勤于纺织，虽六七十老妪亦然"。

手织白苎纤且长，
生着宜热熟宜凉。
以比妾心齐素洁，
制成游子远衣裳。
君心相厚未相薄，
衣来还得称君目。
愿君服之无弃捐，

映君颜貌长如玉。

南宋"永嘉四灵"之一的诗人翁卷这首七律《寄衣诗》，基本还原了当时温州百姓在"穿"方面的流程。

在棉花未传入宋代温州时，本土纺织材料以麻、苎、葛为主，或以上述多种材料混纺成线，再纺织成布。翁卷诗中的白纻，即由苎制成，与麻、葛等均为古代百姓使用时间较长的主要衣物材料。

早在《诗经·陈风·东门之池》篇中，就有"东门之池，可以沤麻……东门之池，可以沤纻……东门之池，可以沤菅"的描述。麻或苎在纺线之前，得先经过"沤"这一过程，也就是将材料浸泡水中使之变软，达到可利用的目的。

《张协状元》·「赵皮鞋」曲牌

成书于汉末的《小尔雅·广服》称"麻、纻、葛曰布；布，通名也"。布是宋代平民百姓普遍使用的衣料，因此用来指代平民，后来也代称未获得官职的读书人。如诗人翁卷，一生未仕，人称"布衣诗人"。他的《寄衣诗》中"手织白苎纤且长，生着宜热熟宜凉"，表明苎麻经不同方式处理织成的布，有的穿着较凉爽，适合暑热天气，有的适合天气转凉时穿。适合暑天穿着的布料，还有"永嘉四灵"之一的诗人徐照在写给赵师秀的诗《怀赵紫芝》中提及的"綌""小雪衣犹綌，荒年米似金"，綌即经纬较粗的葛布，用来制作夏衣比较凉快，小雪时节还身着綌服，诗人生活的困窘可见一斑。

北宋彩塑天王立像

北宋彩塑太白星供养立像

北宋彩绘木雕童子像

　　衣物最基本的功能是保暖遮体，但它也被赋予了身份地位的象征。中国历代都很重视冠服之制，对此有明确的规定。宋代男子服饰中，士大夫日常有大袍、窄袍等七八种服饰类型。位于台州黄岩的南宋赵伯澐墓中出土大量丝绸文物，包括衣、裤、袜、鞋、靴、饰品等，堪称"宋服之冠"。赵伯澐是北宋开国皇帝赵匡胤的七世孙，从墓中出土的服饰可以看出王公贵族的穿着款式，有交领、直襟的纱袍、罗袍等，均为不同材质制作，包括绢、罗、纱、縠、绫、绵、绸等，衣料上有各种纹饰和精美的刺绣，色彩淡雅。与贵族的宽袍长衫相比，平民百姓更多是穿短而窄的襦袄、短褐一类，在材质和色彩上也有区别，民间禁止穿纯红黄色的衣服，宋初时还禁止穿紫色。但在追求时尚风潮的宋代，各种服饰禁忌被市民社会一再突破，"衣冠之制，上下混一"，以至于有官员对此不满，唯恐"天下奢侈僭上之心"扰乱了礼制。而宋代女装无论哪个阶层的女性，大都以内穿抹胸、外披褙子为主，从宋人的画作中常可看到穿低胸服饰的女性形象，那种性感、开放、自然的状态，全然不是人们想象中的保守拘谨、包裹严实。

　　"男耕女织"是中国传统家庭的经营模式，妇女织就的布料原本都自给自足，用于家中老少一年四季衣服被褥，宋代商品交换频繁，家庭中多余的布料也开始拿到市场上出售。

叶适在《母杜氏墓志》中写到家庭生活困窘，母亲杜氏为补贴家用，把别人丢弃的少量麻、纻积攒起来，纺织不辍，"至乃拾滞麻遗纻缉之，仅成端匹。人或笑夫人之如此。夫人曰：此吾职也，不可废……"

翻开史籍，妇女以家贫纺绩自给或抚养子女成人的事例，不胜枚举。城区"剩女"陈氏"结庵独居，佣绩纺以自给"；郑氏妇则"家贫，常以纺绩求食"。平阳万全乡人潘次凤上京赶考，全靠母亲用纺成的布匹换取盘缠路费。通过替人家纺线织布，换取佣金赖以谋生，这大约可算是最早期纺织女工的真实生活写照吧？

温州出产的麻布、纻布等，除供应本地市场外，还远销外地。如绍兴三年（1133）"都昌言：扬州依格合发土贡细纻布，系是温、泉州出产之物。本州累经残破，目今并无客贩，望权蠲免"。

相对布料的平民性质，丝织品则受到上层社会和官府的青睐。温州被认为"地不宜桑"，因此蚕丝产量远比不上杭州、嘉兴、湖州、越州、明州等地区。当时湖州、杭州丝织业发达，设有专门的织造机构，以利于监督和征收贡品等事务。但也正因为"地不宜桑"，温州人只好在织造技术上费心思，出现了不少从事专业织造的"机户"。如永嘉（城区）郑氏"机织自活以终其身"。专业的机户一般通过水运等方式，从外地高价购进蚕丝原材料。因成本较高，为提高丝织商品的竞争力，他们必须在织工上狠下工夫，力求工艺精致、花纹华丽。

当时温州最著名的丝织品是缂丝。"机杼之家涩于买贵，故人力取精以倍其赢，女子夜织，男子以织名家者相望。于是温克丝之名遍东南，言衣者必资焉"。克丝即缂丝，也称刻丝，是宋代温州较高档次的衣裳面料。南宋庄季裕《鸡肋篇》载："以熟色丝经于木棦上，随所欲作花草虫兽之状，以小梭织纬时，先留其处，方以染色线缀于经纬之上，合以成文，若不相连，承空视之，如雕镂之像，故名刻丝。"缂丝工艺复杂，织一匹往往需要一年的时间，因此

北宋团鸾红罗双面绣经袱

产量不大而价格较贵，据雍正《浙江通志》载，当时一尺缂丝价格在二百文上下。

除了缂丝，宋代温州知名丝织品还有温䌷、溪绢和绉纱等。这些丝织品除作为贡品及富家民用外，还被当成佛教供品。

温州仙岩慧光塔中曾出土"双面绣经袱"，是为包装佛经设计的正方形丝绣品，年代应在宋庆历三年（1043）以前。该经袱"以杏红单丝素罗为地，用黄、白等色粗绒施平针，绣成对飞的翔鸾团花双面图案"。平针织就的素罗，有面平、经纬纺线色调一致的特点，织工要求较精。经袱上绣的团花直径为3厘米，两面花纹一致，线条细腻，形象生动。从经袱正面脱线处可以看到绣制之前画图的痕迹（《浙江瑞安北宋慧光塔出土文物》，《文物》1972年第1期）。

宋代温州丝织品，还被用于给离任官员制作"锦旗"。如温州知州杨简离任时，就有机户"织锦字大帷颂德政"。杨简（1141—1225），字敬仲，号慈湖，世称慈湖先生，知温州事时廉俭自持，为百姓主持公道，对温州的经济社会发展起到推动作用。

主食肉蔬

民以食为天，从茹毛饮血到钻木取火，熟食是人类饮食最重要的改进。而烹调工具也在慢慢迭代发展。先民多采用陶鼎、铜鼎等器物来煮肉、羹等带汤汁的食物，其他食物则多用"甑"来蒸食。到宋代，百姓烧菜方式又发生了"革命性"的变化——"圆心浅腹、薄壁、球面、有耳"的铁锅普及百姓家，成为国人主要的烧菜工具，从而使炒菜成为一种新的烹调方法。

铁虽然不是宋代温州主要特产，但可从邻近的福建大量输入，再加上温州冶铁技术比较先进，因此铁锅在温州普通家庭中也很是普及。有了铁锅，就有了炒菜的可能。

宋代之前，平民百姓大都采用"一天两餐"的"分餐"制度。宋代商品经济发达、民众生活水准提高，平民百姓开始"一日三餐"甚至加上夜厨（宵夜）的"一天四餐"生活方式；分餐制也变成同桌吃饭的"合食制"，这种餐饮方式从宋代开始被固定下来直到现代。

俗话说，一方水土养一方人，宋代温州人以稻麦为主食。稻谷在唐代温州已有广泛种植，且产量明显高于周边地区。据说当时温州城内住着一位封号交河（金河）的和亲公主，她随着到温州上任的女婿、女儿生活。因江东米贵，温州米贱而逗留不去。她通过倒卖大米，赚取差价积攒了大量吴绫。可见唐代温州百姓已实现了"吃米自由"。

到宋代，稻谷仍是温州人主要的粮食，平原地带有较多种植。主要稻种有占城稻、软秆稻等。其中占城稻结的稻米有白有红，风味独特；软秆稻产出的稻米，"色白、粒大、味甘"，煮饭、熬粥尤为香甜。宋代温州人常在熬制的白粥里，加入各式菜蔬、豆类，做成菜粥、杂粮粥等作为早餐。中餐和晚餐则以饭为主。配饭的菜肴，以追求清淡、原汁原味的海鲜鱼类为主。宋元时期，温州还一度流行吃胡麻养生饭。

随着数次大批的北地移民迁入温州，在朝廷鼓励推广下，麦类主食开始较多地出现在温州人的餐桌上，如汤饼（面条）、馄饨（包有肉馅的面食，类似馄饨）、蒸饼、炊饼（馒头）等。

刘绩《霏雪录》中有一段关于高宗皇帝与馄饨、面条的记载："宋高宗时，饔人瀹馄饨不熟，下大理寺。优人扮两士人，相貌各异。问其年，一曰甲子生，一曰丙子生。优人告曰：'此二人皆合下大理。'高宗问故，优人曰：'饺子饼子皆生，与馄饨不熟者同罪。'上大笑，赦原饔人。"饔人，即厨师。御厨煮馄饨没熟就端上来了，高宗很生气，把厨师打入大理寺；有俳优为厨师抱不平，借给皇帝演戏的机会，扮成士子模样，互问什么时候出生，并谐音成饺子生、饼子生，说这两人也可入监狱了。高宗被逗笑，想到"馄饨生"被入狱的厨师，即免其罪。

宋代面条、馄饨之类的面食，与如今相差不大。但宋代盛行的"馒头"，即如今温州人称呼的馒头，恰恰是外地人所说的"包子"。那时的馒头，馅料丰富，有荤有素。荤的馅有羊肉、猪肉、蟹黄等，素的里面包裹菜蔬，其中较为常见的是腌制的雪里蕻，因味酸，被叫作酸馅儿馒头。

雪里蕻被温州人称作九头芥，是一种药食同源的蔬菜，各县都有广泛种植。这种蔬菜新鲜时炒吃，往往带有苦味和特殊气味，口感不佳，多数人不喜欢，因此民间以腌制为主。腌制后的九头芥酸甜适宜、口感清新，受到百姓喜爱。

宋代的馒头既然是有馅的"包子"，那么宋代"包子"长成啥样？据载，包子这一名称，最早出于陕西人陶榖（903—970）《清异录》中的"绿荷包子"，宋代饮食市场上也有称作"荷包"的。究其做法，大致以菜叶子或荷叶裹肉蒸熟而食。

除米、面等主食外，许及之在《田家秋日词》中，还提及较多辅助粮食，如荞麦、栗子、豆、芋芳等。他对芋的吃法描述得比较详细："芋魁切玉和作糜"，也就是把芋芳切碎，做成芋糜，用调羹舀着吃，滑嫩留香。而陈埴（1176—1232）在《南雁山》一诗中，有"且喜懒残煨芋熟"句。这里的"煨"，是把芋、栗等放在火堆里烤熟，吃起来别有风味，至今仍受温州人喜爱。但今天温州人喜欢吃的烤红薯、烤玉米之类，宋代还没有出现，这两样作物直到明代才被引进。

宋代温州人饭桌上的蔬菜，有茭白、笋、菘芥、菠菜等，尤其值得一提的是，开始出现了豆芽这一蔬品，苏颂在《图经本草》中说："绿豆，生白芽为蔬中佳品"。水果种类已经比较多，除桃、李、杏、杏梅、柑橘、甘蔗、官梨以及寒瓜、襄瓜、荔枝等外，还有部分水果制成的蜜干果、藕片、木瓜等。梨、苹果之类的水果，宋人也喜欢削皮吃，甚或冰镇一下更可口。

专门贩卖水果的已经发展成为一个行业，谓之"果子行"。商贩们还掌握了较好的水果保鲜技术，如经过系列处理的荔枝，甚至可以长途运输到伊朗等西亚国家。此外，温州的一些富裕人家或许还能吃到芒果。芒果由印度人最先发现野生树种，经过栽培后形成，是玄奘取经时带回中原的新物种。

至于小吃，如各种油炸制品、糕点、茶食，种类丰富。美国汉学家安德森在《中国食物》中认为宋朝特色饮食的大量出现，在于"地方乡绅的兴起推动了食物的考究：宫廷御宴奢华如故，但却不如商人和地方精英的饮食富有创意"。

宋代开始形成南食、北食、川饭等菜系。蔡絛在《铁围山丛谈》中记载了这样一件事："开宝末，吴越王钱俶始来朝。垂至，太祖谓大官：'钱王，浙人也。来朝宿共帐内殿矣，宜创作南食一二以燕衍之。'"吴越王最后一任国王钱俶（原名钱弘俶）到北宋都城拜见皇帝纳土归宋。宋太祖怕南方人吃不惯北方饮食，很贴心地吩咐厨房制作南方风味的饮食来招待他们。

可见在宋初，南北饮食已形成不同的菜系。总的来说，北方以面食和羊肉为主，南方如温州等地以鱼米、猪肉为主材。北宋时，御厨中羊肉与猪肉的比例为2:1；到南宋，羊肉和猪肉的比例差距依旧较大。但在南方如杭州、温州等经济发达城市，猪肉铺占了绝大多数，形成"猪肉市"或"猪肉行"，而羊肉之类的市场占比较小。

杭州是当时南食北食融合之地。但在用料上，海味、淡水鱼类已成主要菜品。受南方饮食影响较深的是其菜品也有了精致的"艺术化倾向"。

街上南食店里也出售北方食物，面食、米饭兼顾。《东京梦华录·食店》"更有南食店，鱼兜子，桐皮熟脍面，煎鱼饭"，南北饮食在人员流动等影响中发展，虽然两者逐渐靠近、融合，但大致区别还在，诸如南甜北咸、南精北粗、南糕北饺等。至于川饭，则重糖、重辣，当时的调味品有木姜子（山胡椒）、韭菜酱以及大蒜，均属辛辣之物。

水产海鲜

在南食系统中，温州菜系如今被称作瓯菜。宋代的温州菜，是以海鲜鱼类为主要原料，轻芡、清淡，追求原汁原味，同时也表现出温州人手巧的特点，开始在摆盘、食材装饰、雕刻方面下工夫，瓯菜在这时大约已初具雏形。

温州依山靠海，有着漫长的海岸线。境内河流遍布，既有瓯江、飞云江、鳌江等入海的江流，也有温瑞塘河、瑞平塘河等横亘平原连接小溪小河。温州曾出土有四五千年前的陶制网坠和一千多年前的独木舟，可佐证先民捕捞历史的悠久。温州的渔业发展迅速，与温州造船业水平先进大有关系。一般来说，造船技术与捕捞业发展是同时推进的。如渔船的抗风能力、远洋能力，都是决定渔船能驶出洋面多远、捕捞产量多少的主要因素。

温州人食用海产品的历史悠久，瓯民较早时就留下吃鳝鱼等水产品的记录。晋代张华《博物志》也有"东南之人，食水产鱼蚌螺蛤以为珍味，不觉其腥"，又曰"东海有物，状如凝血，从广数尺，方员，名曰鲊鱼，无头目处所，内无藏，众虾附之，随其东西。人煮食之"。鲊鱼，即海蜇。一千六百年前的南朝宋，谢灵运出守温州时，曾乘船经帆游山一带浅海到仙岩山游玩，途中还采了"石华""海月"等海产品。石华即龟脚，海月就是窗贝，温州人至今仍喜爱食用。

宋时温州已有水产养殖，民众拦江养殖跳鱼等水产品。宋淳熙九年（1182）

乐清湾一带养殖的蛏苗，供应福建等地；嘉定元年（1208），平阳芭槽（今苍南舥艚）渔民用罾网捕捉鳗苗。南宋时期，朝廷对滩涂养殖实行收税。至于淡水养殖，早在后周世宗显德元年（954），温州就有"塘养鲤鲫"的文字记录。

"炊粳蟹螯熟，下箸鲈鱼鲜"，大海养育了历代温州人。诗人笔下常出现渔业生产的情景。如徐照"渔师得鱼绕溪卖"，王十朋"船船晒渔网"等。温州人对海鲜的喜爱从许及之的诗中可窥一斑：

> 海物惟错群分命，并海馋涎为物病。
> 采拾烹煮如撷蔬，岂念含灵钧物性。
> 就中水母为最蠢，以虾作眼资汲引。
> 虾入罔罟自不知，水母浮悠亦良窘。
> 其间墨鱼工吐墨，以墨自蔽潮水黑。
> 潮来舟人如拾块，贩者填街卖乌贼。
> 沙噀噀沙巧藏身，伸缩自如故纳新。
> 穴居浮沫儿童识，探取累累如有神。
> 钧之并海无所闻，吾乡专美独擅群。
> 外脆中膏美无度，调之滑甘至芳辛。
> 年来都下为鲜围，独此相忘最云久。
> 转庵何自得此奇，惠我百辈急呼酒。
> 人生有欲被舌瞒，齿亦有好难具论。
> 忻兹脆美一饷许，忏悔未已滋念根。
> 拟问转庵所从得，访寻不惜百金直。
> 岂非近悟圣化诗，望兹尤物令人识。
> 绿衣在旁忽鞔然，蟏蜅取笑却可怜。

这是许及之收到友人寄送的沙噀后写下的长诗。沙噀常见于东南沿海滩涂，又名刺参，明代冯时可《雨航杂录》中有详细介绍："沙噀，块然一物，如牛马肠脏头。长五六寸，无目无皮骨，但能蠕动，触之则缩小如桃栗，徐复臃肿。土人以沙盆揉去其涎腥，杂五辣煮之，脆美为上味。"许及之当然也好这一口，收到沙喋后开心地写下这首诗，一口气罗列诸如海蜇、虾、乌贼、蛏蛑等海鲜的名称及吃法，将温州人嗜好海鲜的天性表现得淋漓尽致。其中"虾儿给鲊鱼当眼"的俗语，一直流传到今天。

温州的海产品吃法多样，可生吃、蒸煮、腌渍等。早在三国时期，就有《临海水土志》表示，东南沿海一带居民"取生鱼肉，杂贮大器中卤之，历日月乃啖之，以为上肴"。在该书作者、临海郡守吴莹看来，这无疑是"不洁"的暗黑系食物，但在后世游子看来，却是睹物伤情、欲尝不忍的乡味佳肴。

宋代温州城区酒楼食肆林立，主食有饭、粥、面，菜肴有鱼、虾、蟹、蛤等鱼鲜汤、羹及一应蔬果。温州海鲜产品的鲜美，连隔壁处州（今丽水）大诗人也"馋哭"了。这位名叫真山民的诗人，在温州城逛吃时，写下《永嘉秋夕》一诗，惊叹"江头风景日堪醉，酒美蟹肥橙橘香"。秋风起，蟹脚肥，正是吃螃蟹的好时节呀。

肥美的梭子蟹，与乌贼、黄鱼、海蜇等四十余种温州海产品曾被当作贡品，运往南宋都城临安。史书上不乏温州海产品作为贡品的记载——

《唐六律》："温州贡鲛皮"；

宋《元丰九域志》："温州贡鲛鱼皮五张"；

《元和郡县志》："温州贡鲛鱼皮三十张"……

鲛皮即鲨鱼皮，宋代成为贡品，皇帝将之赐予宗室、权臣，可制作鲛皮羹等菜肴。

宋人庄绰《鸡肋篇》中载，哲宗时期的范纯仁（江苏人，范仲淹次子，官居宰相）新得了鲨鱼皮，吩咐厨师切成细长条，煮为羹，一缕盛作一瓯，请陕西人游师雄（1037—1097）品尝。游师雄从小吃羊肉、面食长大，尝过鲨鱼羹后，范纯仁问他味道怎样？答曰：入口即化，几乎不用咀嚼，但怎么像是喝了面片汤呢？

再据明弘治《温州府志》载，宋代温州各县土贡的水族名单称得上五花八门——

永嘉（今城区、龙湾、瓯海）：石首鱼、水母线、虾米、鲻鱼、蛾蚰、壳菜（贻贝）、龟脚；

瑞安：石首鱼、鳖鱼、鲈鱼、虾米、鳗鱼、鲻鱼、水母线、黄鲫鱼；

乐清：水母线、石首鱼、鳖鱼、鲈鱼、鲻鱼、黄崎鱼、石发菜、虾米、龟脚、蝤；

平阳：龙头鱼、石首鱼、虾米、鳗鱼、鳖鱼。

明万历《温州府志》：温州土贡石首鱼、龙头鱼、黄鲫鱼、鳖鱼、鲈鱼、鲸鱼、鲋鱼、鳗鱼、虾米、镞嘴、龟脚、壳菜、石菜、水母线。

冰块在宋代已成为大众消费品，沿海人家开始藏冰，贵重海鲜常采用"以冰养鱼"的方法保鲜。如宋人喜爱的石首鱼，可从沿海贩卖到金陵以西的地带，均有赖冰镇。南宋临安人口有百万之众，居民所消费的鱼类产品，也基本上以温州等地供应为主。

茶酒香醇

  宋代流行宴饮，温州士子及百姓常借会昌湖的优美环境举行宴会，三五知己或悠游赏景，或把酒抒怀，这时候诗与酒的搭配是多么和谐啊，南宋词人卢祖皋吟唱着"会昌湖上扁舟，几年不醉西山路"，把一阕酒香弥漫、惆怅乡情的《水龙吟》酿成千古名篇。

  南宋绍兴五年（1135），王十朋到乐清西岑游玩后，写了四首诗。这时的王十朋应该还在乐清县学读书，其中三首也写到酒，如"深村有酒隔烟渚""床头新酿喜正熟，千金倒瓮倾流霞"等。可见南宋时期温州各县民间酿酒之风已颇为兴盛。

  酒水消费一直有较大市场，但朝廷对民间酿酒控制较严。自建炎四年（1130）起，南宋朝廷推广"隔槽法"（民以米入官自酿），早已盛行的私酿开始半合法化。

官府在各州设立机构，自制曲糵售卖给酿酒户并实行酒品专卖制度："诸州城内皆置务酿酒。县镇乡间或许民酿而定其岁课，若有遗利，所在多请官酤。"

宋初温州即设有七处酒务：州城、永安镇（后改为三港镇）、乐清县城、平阳县城、瑞安县城、柳市、前仓镇。设立酒务的所在，均为酿酒较为盛行的地方。宋代在城区实行坊市制，而在城郊乡村，也有为数不少的坊店。这些坊店设置在各县经济比较繁荣的墟市或草市，多开设有酒坊、醋坊等。

陆游有"坊场酒贱贫犹醉"句，叶适也有《平阳县代纳坊场钱记》一文。坊场即官设专卖的市场，"商税、酒税皆出焉"。宋时承揽酿造，实行包税，叫"扑酒"。即地方富户向政府购买一定期限和地域范围的"独占权"或产权，可以生产、经营、管理、处置等。《平阳县代纳坊场钱记》中所谓的"以分地扑酒"，即划地块经营，不许逾越，免得损害其他酒户利益。墟市中的酒坊，常因各种因素造成市场波动而或废或立。嘉定二年（1209），浙东提举司称"温州平阳县言：县之乡村坊店二十五，当停闭二十一"。

　　酒务机构除监督酿酒质量、定价，最主要的任务是征税。据《熙宁酒课》载，熙宁年间温州酒课达"五万贯"，可见酿酒的利润相当不错。宋孝宗时期的温州知州刘夙，打算让民间半合法化的私酿合法化。这让薛季宣颇为担忧，他认为温州粮食产量虽然不低，但也禁不住"十万人家城里住"的口粮所需，酿酒、做釉自然要耗费较多的米、麦作为原料，这样粮食问题会更加严峻。另一方面，他还担心，酒大量上市，会造成不良的社会影响。

　　当然更多的人毫不掩饰自己对酒的喜爱。南宋绍兴三十年（1160）春夏时节，诗人陆游由福建调任临安途经温州，作短暂逗留。他在《至永嘉》小序中云："自来福州，诗酒殆废。北归始稍稍复饮，至永嘉括苍，无日不醉，诗亦屡作，此事不可不记也。"诗云："樽酒如江绿，春愁抵草长。但令闲一日，便似醉千觞。"在温州美酒的激发下，陆游诗兴盎然，写下《平阳驿舍梅花》《泛瑞安江风涛贴然》《同永嘉守宿舍江心》等名篇。

　　温州出产的酒，还成为供应南宋都城临安市场的名酒。周密在《武林旧事》

永嘉四灵（砖雕）

卷六《南宋市肆记·诸色酒名》中记载"各色名酒共五十四种"，温州酒"清心堂、丰和春、蒙泉"名列其中。温州出土的宋代青瓷盛酒器上也往往标有商号的名称。这些盛酒器大多为小口梅瓶，短颈、丰肩、瘦腹，施青中泛黄色釉，用褐彩书写商号名称，如"作玉泉""东店"等。

叶适有《橘枝词三首记永嘉风土》，之二记温州美酒。"琥珀银红未是醇，私酤官卖各生春"句，可见当初温州市场的名酒，既有民间私酿的"琥珀"酒，也有官卖的"银红"酒，都是好酒，受到消费者喜爱。

后来由于官酿"立价既高，酒味淡薄"，于是民间"私酤转盛，官卖日亏"。温州的官酿市场逐渐缩小，管理机构遂命各级地方官员一方面要提高酒的质量，一方面适当降低价格出售。"乞州责之郡守，县镇责之县令，别立省则，或稍损酒价，多造佳酒，广行沽卖"，以收取更多利润。

相比饮酒，有国饮之名的茶更是生活的必需品，不仅士大夫雅好品茗，平民百姓也喝茶成风，正如吴自牧在《梦粱录》中所说"盖人家不可缺者，柴米油盐酱醋茶"。

温州是南宋时期两浙一带茶叶生产基地，许景衡曾书寄友人邀其"同试仙岩雨前茶"。雁荡、仙岩等地均为当时出产好茶的地方，雁荡至今仍是出产茶叶精品的所在，仙岩一带到20世纪七八十年代，还有专业茶厂收购茶农种植的茶叶、茉莉花等，生产出口花茶。

"永嘉四灵"对茶情有独钟，存留至今的茶诗多达50余首。徐照嗜茶，其《永州书怀》云："嗜茶疑是病"，《寄筠阳赵推官》云："病去茶难废"，赵师秀在为他写的挽词中称"平日惟耽茗"，叶适也在为他写的墓志铭中称"嗜苦茗甚于饴蜜，手烹口啜无时。"翁卷笔下的赵师秀也是爱茶人，"一轴黄庭看不厌，诗囊茶器每随身"（翁卷《次徐灵渊韵赠赵灵秀》），他平时总将诗囊和茶器带在身边，以便随处饮茶吟诗。翁卷则亲自种茶采茶，徐照就收到了翁卷赠他的一瓶社前新茶，"新茗一瓶蒙见惠，家童言是社前收"（徐照《重题翁卷山居》）。社前茶指春社前所采新茶，时值立春后的第五个戊日，离立春约四十天，比明前茶还要珍贵。互赠新茶是文人间流行的雅事，"昨来曾寄茗，应念苦吟心"（徐照《访观公不遇》）。诗因茶而清新，茶因诗而高雅。

茶产品分为片茶和散茶，以片茶质量较佳。片茶是通过蒸制做成膏饼状的一种茶产品，饮用时取茶膏碾碎，放置茶具中，用初沸水冲泡，茶面上便升腾起一层白沫。当时士大夫流行斗茶，也叫分茶，比一比谁的茶质量更好、点茶技术更佳，其中茶色是一个重要的指标。茶色越白，表示茶汤越好。因此，为衬托白色，施以黑釉的广口茶具就大为流行。最嗜好"苦茗"的徐照，收到朋友赠送的当时最流行的黑釉盏时，欣喜不已，写下《谢薛总干惠茶盏》一诗：

色变天星照，姿贞蜀土成。

视形全觉巨，到手却如轻。

盛水蟾轮漾，浇茶雪片倾。

价令金帛贱，声击水冰清。

拂拭忘衣袖，留藏有竹簏。

入经思陆羽，联句待弥明。

贪动丹僧见，从来相府荣，

感情当爱物，随坐更随行。

徐照收到的黑釉盏，在造型上广口，胎体较厚，虽说看起来较笨重，拿在手中却又颇为轻巧。开水一冲，茶汤洁白如雪。徐照说这黑釉盏价格比"金帛"还要贵，十分爱护，特意用竹编的器具收存，带在身边，格外珍爱。

宋代黑釉盏的流行，皇帝宋徽宗起到了推波助澜的作用。他在《大观茶论》中有"盏色贵青黑……取其焕发茶采色也"的描述，可见宋代吃茶、斗茶已成朝野上下的流行风尚。

王十朋在《会稽风俗赋》名篇中，写出风靡当时的斗茶风尚："日铸雪芽，卧龙瑞草。瀑岭称仙，茗山斗好。顾渚争先，建溪同釜。碾尘飞玉，瓯涛翻皓。生两腋之清风，兴飘飘于蓬岛。"为给斗茶助兴，当时还盛行"茶令"。王十朋解释"与诸子讲茶令，每会茶，指一物为题，各具故事，不同者罚"。可见茶令的作用与酒令大体相同，也属一种文字游戏，考验人的知识面和应对能力。如一人说"古人有张良，有邓禹，二人争一伞，张良说是良（凉）伞，邓禹说是禹（雨）伞"；另一人则对曰，"古人有许由，有晁错，二人争一葫芦，许由说是由（油）葫芦，晁错说是错（醋）葫芦"。诸如此类。在《万季梁和诗留别再用前韵》诗中，王十朋说"搜我肺肠茶著令，饮君文字酒淋衣"。茶令说难不难，读书人都可以玩，要说容易也不易，状元文才的王十朋为了不挨罚，也得搜肠刮肚去思索。而被罚者，当然得多喝茶，茶吃多了，也与酒一样会醉人。不过由此可见，喝茶、斗茶已融入人们的日常生活中。

居者有屋

奥地利著名绘画家亨德·瓦塞文说过，人有三层皮肤，第一层即身体皮肤，第二层是身上衣服，第三层就是房屋、居室、家具等。古代中国，无论平民百姓还是帝王将相，他们的"第三层皮肤"被统一称作宫室。汉唐之后，住宅才

永嘉茶园坑古民居

有了比较森严的等级。皇帝住的地方称"宫"，执政亲王所居曰"府"，普通官员为"邸"，士大夫是"第"，普通百姓是养有家畜猪的"家"。

> 云横绝尘境，峻堞若绳削。
>
> 群山列培塿，众水分脉络。
>
> 下瞰万瓦居，缥缈见楼阁。
>
> 松风发天籁，泠然众音作。
>
> 晶晶天宇清，尘襟一澄廓。

居住城区谢池巷的周行己在这首《和郭守叔光绝境亭》诗中描述了登积谷山俯瞰温州城，各类建筑尽收眼底的景象：正是天高云淡的时节，空气清新，景物分明。高高的城堞看起来排列齐整，四周群山如屏帷护卫，水流纵横似脉络交错，俯瞰瓦屋万家连绵，远处隐约楼阁耸立……

大量北方移民迁入温州后，多以中原营造法式为圭臬，又根据南方气候条件，在这里建房筑楼，形成宋代建筑的风格。如今温州一些古村落里的老建筑，其小木构或小木构装修等仍带有浓浓宋风。而随着福建移民的多次入温，又带来闽南风格的建筑，如泰顺等地的围屋、土楼，平阳青街的部分建筑均属这一范畴，可见南北移民交集温州后在建筑艺术上的融合。

宋代温州建筑一改唐代雄浑特点，形式从简单走向规整，装饰由朴素趋于秀丽。在组合建筑方面增强进深方向的空间层次，以衬托高体建筑气势。而宋代《营造法式》的颁布，更进一步推动工程技术与施工管理不断完善。

位于朔门一带的"江山胜概楼"称得上是当时的标志性建筑。戴栩写《江山胜概楼记》一文，介绍这座为纪念谢灵运而建的景观楼：

"两庑旁翼，三闼洞开，周以栏楯，临以罘罳。白漈界其前峙，罗浮接其右限。斗山四缭，迭为崔嵬。大江横以东下，势欲去而徘徊。见夫云霞出没，景魄往来，寺塔映乎林壑，艘舶凑乎帆樯，于是江山之胜与目力不约而谐矣！"

从描写中可以看出该楼空间高敞，细节精致。其中有宋代建筑最具特色的小木作装修，如栏楯、罘罳等。罘罳是宋代的一种屏风，也称作画屏，常设在门外等处。与前朝不同的是，小木作和小木作装修成为当时时尚。所谓小木

温州民居中的宋代建筑遗风

皿板

昂

逐跳偷心拱

作，指的是可拆卸的轻型木构件，如门、栏杆、窗之类。小木作装修则是指在小木作上所做的装饰，这是宋代建筑的一大特色。

温州没有宋代木构建筑能够遗存至今，但幸运的是画家王振鹏在《江山胜览图》中的描绘，为后人了解当时的建筑风貌留下了参照。画中重楼、曲桥、宫苑、仙馆、瑶殿相望，亭台鳞次栉比，错落有致，基本保持温州宋代建筑风格。

宋代温州民居有三合院、四合院、多院落多轴线大屋等组合结构。注重建筑艺术的原生型，木构梁架很少艺术加工，少见雕刻和油漆。轻盈透薄的双曲大屋顶，众多的大挑檐，不等坡、不对称的穿斗架，貌似一棵阔叶树，高低错落，枝叶扶疏，展示通体的木构架、木肌理，流露着木建筑的自然质朴之美。

城内的官员官邸、士大夫宅邸以及庶民之家，整体上均有一定的空间序列和人伦位序。温州的居民区，多在温州古城西。这里有松台山、西城濠（九山河），以及汇聚三溪之水的会昌湖等河流，幽静又风光旖旎，极为宜居。如"永嘉元丰九先生"之一的周行己，晚年即在松台山附近建浮沚书院讲学授徒。他的父亲周泳，则在西南郊会昌湖边建有别墅。西郊还住着永嘉学派集大成者叶适，陈谦别业、薛岷别业和知名的思远楼等也都坐落于此。温州真正意义上的园林宅第，最早可追溯到魏晋南北朝，出任永嘉郡守的官长所营造，基本类型为别墅型，也就是所谓的"士子园林"，选择风景优美的滨水、山林所在，取绝尘弃世之意。这种风气在宋代温州依然存在，但因城市空间有限，与"结岩架水"的乡野别墅不同，宋代宅邸园林被营造出一种"咫尺山林"的景观。建筑上以采用小木构装修和融入绘画审美情趣为主要特色。在这里他们兼顾会客、琴棋书画等诸如文人生活所需的空间，并将这种情趣带进居室布置。

永嘉花坦乌府

周行己的父亲周泳，瑞安人，北宋皇祐五年（1053）进士，官正议大夫。周家别墅名叫峙岩墅，位于会昌湖南岸，看名字或应正对大岩石的位置。别墅里拥有石山、小阜等，后改成峙岩尼院。

在周家峙岩墅附近，有一座水云庄，是宋代名宦陈谦的居所。陈谦

宋代铁栏井

（1144—1216），字益之，号水云，乾道八年（1172）进士，官至宝谟阁待制，因此被称作陈待制。水云庄跨水而建，主要建筑为"与造物游楼"，有锦云洞、荷花荡、石山小岭等景观。温州的一批文人朋友们常往来游玩，相互唱和。如徐照、徐玑各有《题陈待制湖庄》，赵师秀有《和陈水云湖庄韵》《陈待制湖楼》《又题与造物游楼》等诗；徐玑有《题陈待制湖庄》，翁卷有《和陈待制秋日湖楼宴集》，卢方春有《水云园池》，薛师石有《谢陈水云寄惠瓜庐字》，陈傅良有《湖楼送客即事一首奉怀益之兼简同钱诸友》，叶适也曾写下《陈待制挽诗》：

　　世事从来半局棋，
　　夜眠还有不应时。
　　峙岩桥畔船辞柁，
　　冷水观边花发枝。

会昌湖西岸，还有另一位"陈待制"陈余师的桂隐庄别业。某天，有人给陈余师送来茶和笋之类的土特产，触动他灵感，写下"腹内潇潇有风雨，诗成字字没尘埃"句，时人极赞。及至元代，宣慰使洪模来温州任职，知温州府路，得此建筑后号桂隐园、十里湖光阁、更远楼、翠红深处亭、安乐窝轩、清

意味轩，并亲自写了匾额"更要如何"。从"安乐窝轩""更要如何"等名称里，可知主人对这处住所是极为满意的。

近城区的水心村，有薛嵎所建的别业"渔村墅"。薛嵎（1212—？），温州人，字仲止，一字宾日，理宗宝祐四年（1256）进士。曾任长溪主簿，属四灵诗派诗人。与"渔村墅"朴实无华的名称相得益彰的是他对别墅中各种亭台楼阁的命名，如草阁、苜蓿轩、渔村书屋、蓑衣步亭等。薛嵎有《湖外别业四咏》，分别描写这几处建筑。如《蓑衣步》中的"水浸石根冷，风吹藤叶飞"等描写周边风景的诗句。

除上述别墅，会昌湖周遭还有杨时举别业"水村庄"、瑞安项氏别业"秀野轩""项园"，鲍氏别业"鲍园"等。会昌湖北面，则是一座思远楼，"每岁端午观竞渡于此"，其建筑"层檐翼然，轩窗敞豁"。

不仅是城区民居等建筑得到较大改善，官府办公楼较前朝也有了很大提升。叶适在《瑞安县重建厅事记》一文里，记载了他少年时曾见过的瑞安原县署"门甚卑狭，毁置不常，厅屋摧破，无立人处"，后来便旧貌换新颜："大厅琴堂始克并立，上极旁挟，比旧倍差，厚基博础，楹桷丰硕。民来观者，倾动惊骇，忘其百年之陋，而以为今日之瑰杰丽伟，踈踊而独出也。"

温州现今的村落格局，基本成型于宋代，最早属一村一姓模式。经过数次移民进入，到南宋乾道九年（1173），温州的人口和社会得到快速发展，乡居条件有了很大的改善。如当时瑞安县的村落已是"复厢穹瓦皆赘列，夜行若游其邻，村落若在市廛"，乡村里的建筑，不比城镇差。今永嘉县花坦村，还有三幢被称作"宋宅"的古建筑，规模不小：西侧的一幢为单层，一字七开间。东侧两幢之一为一字五开间，另一则为四合院格局，共二十四间房屋，后院井圈上隐约可见刻有"大宋宝庆二年丙戌"的字样。宝庆是南宋理宗皇帝的年号，宝庆二年即1226年。

温州是民间宗祠建设的先行地区。在宋代，随着"宗法制度"式微、移民增多等原因，官僚宗族制和血缘村落逐步产生，以敬祖祭先为目的的宗祠，成了凝聚族人的一个重要场所。据胡珠生《温州古代史》考证，宋代温州已经出现宗祠这种独立的建筑。

古建筑专家丁俊清认为，在宋代祭礼改革之前，民间不允许随便建独立家庙祭祀，一般是"祭于寝（厅堂）"。宋庆历元年（1041），朝廷才允许三品以上的官员，在自家大门内左侧立家庙；若是家居面积过小，也可在紧邻宅第的一侧立庙，规模大小需合乎礼制。

日用物品

古港遗址出土酒器

在朔门古港码头出土的大量瓷器中，有一只已经残损的瓷碗底部赫然写着三个褐色大字"谢六置"，专家解释说，这碗是宋代一个叫谢六的人置办的。

陶瓷是宋代温州人家中常见的日用品。吃饭用碗，盛菜用盘，储水用罐，插花用瓶，喝酒用杯，品茗用盏……各种品类齐全，釉色多为淡青、青灰两种，也有青白瓷、黑瓷以及灯草口黑釉瓷等。瓷器上用划花、刻花和印花等方法，饰有篦纹、弦纹、莲花瓣纹、朵云纹等花纹。碗、盘等内底大多压印有吉祥文字，如"福寿双全""长命富贵""金玉满堂""寿山福海""河滨遗范"等。

被称作"百工之乡"的温州，生产了大量的陶瓷、漆器、刺绣、竹编等精致而实用的物品。为使产品更有竞争力，温州人利用勤劳的双手和智慧的头脑，在精细、精致和精巧上下足工夫。

1983年在温州市西郊锦山出土的北宋青瓷褐彩蕨草纹执壶，就是一把非常精致的酒具。壶通高25.1厘米，口径5.1厘米，足径7.5厘米。直口壶身，长筒形颈，腹部呈瓜棱形，平底外侈。壶身肩至腹部饰有釉下褐色蕨草纹，柄部模印缠枝花卉纹及"七何"二字。通体施青黄色釉，细腻滋润。这件瓯窑青瓷精品现藏于温州博物馆。

南宋龙泉窑船形砚滴则是"文房四宝"中的精品，通长仅16.7厘米、宽6.5厘米、高9.3厘米，可以托于掌上。造型精美，两侧有雕栏，中间是亭式船舱，尾部是小卷棚；船舱里两人并坐，而船夫已经弃桨泊船，正在探身欲取下舱顶的斗笠，他的衣裾则飘向船尾。船锚、橹桨等细部都处理得非常精致。堪称实用性与艺术性兼具的典范。

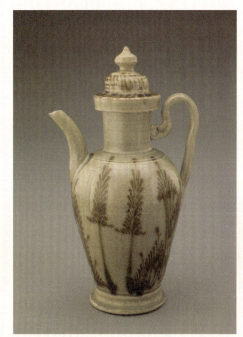

北宋瓯窑褐彩蕨草纹执壶

温州人家的陶瓷用具产地多为城郊西山、杨府山，今永嘉仁溪、岩头及瑞安陶山等地的瓯窑窑场，也有部分来自瓯江上游的丽水、龙泉等地。其中以西山窑出产的陶瓷器具占了市场较大份额。西山窑窑场规模较大，绵延数里。出产的器物品种多样，以胎壁薄而釉色淡雅、质地细腻受到人们喜爱。器物色彩以淡青为主，其他还有青绿、灰绿、黄绿、酱褐等色。南宋温州陶瓷市场上当时最流行的茶具黑釉盏，则出自今苍南的昌禅乡大星垟窑场。

宋代温州百姓的家用器具，除瓷器外，还有漆器。漆器一般以木、

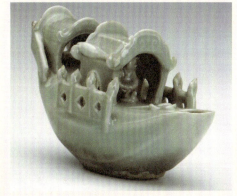

南宋龙泉窑船形砚滴

江苏武进出土的温州漆器铭文

竹、麻布等为胎，再在表面施漆，有朱漆也有黑漆，属比较精致的日用品，常用作妇女嫁妆。宋代温州人在嫁女时，排场攀比到奢华的程度，一套精美的漆器嫁妆是必需的，如盛放首饰的妆奁、盆、礼盒、食盒等。近年出土有碗、盘、梳子及佛教经文函等。

并不产漆的温州，原材料主要依赖徽州、严州等地商贩输入。税高价贵，只有在制作上花功夫才能取得利润，即"征重而价贵，故人力取精而倍其赢"。温州出产的漆器工艺复杂，花样繁多，据弘治《温州府志·土产之器用篇》载，"漆器品制：鸥色、绿色、牙色、锦犀、纯朱、刻花、退光、黑光、磨光、卷素、剔金、洒金、泥金、阗螺、漂霞"等。温州人制作的漆器等用具，究竟精细到何等程度，还有一个故事。漆器中有一种利用磨制的贝壳做镶嵌的装饰工艺，被记录在《嘉定镇江志》卷二十一：建炎二年（1128）"高宗幸镇江，先是本府寄留温、杭二州上供物有以螺钿为之者，帝恶其奇巧，令知府钱伯言毁之"。温州工匠制作的这件漆器，奇巧到令皇帝也感觉太过奢靡，可见温州漆器"其初精致之甚，奇彩异制，夺目光烜"并非虚打广告。

因市场需求较大，宋代温州城内制作漆器的商家不少。这些商店大多位于城区的中心地带，如信河街、五马街、丁字桥巷等十几条街巷俨然已形成了漆器的生产基地。温州曾在信河街北端的八字桥拆迁工地，出土朱漆盘、银扣朱漆盘、花瓣式朱漆碗、收口黑漆盏及黑漆碗碟等，上面留有"己酉温州□□张记""辛卯温州新河周三叔上牢"等铭文。信河街还曾出土梳子之类的漆器，与韩国新安江沉船上打捞出的梳子非常相似。

除了供应当地市场，漆器还远销全国各地。20世纪七八十年代，江苏出土了三件南宋温州漆器，器物上均有漆工的姓名、铺址和制作时间。其中戗金花卉人物奁的盖内，写有"温州新河金念伍郎上牢"；戗金长方盒的盖内，则朱书"丁酉（淳熙四年）温州五马钟念二郎上牢"；戗金细钩填漆长方盒的盖内，也朱书"庚申（景定元年）温州丁字桥巷廨七叔上牢"。（陈晶《记江苏武进新出土的南宋珍贵漆器》，《文物》1979年第3期）

在宋代温州居民的日常生活中，还有编织、刺绣等工艺品的点缀。如在小孩、妇女等人群所穿用的帽圈、肚兜、鞋面、枕头巾以及床帷等上，刺绣吉祥图案，如福、寿字，云纹、牡丹等。绣品常出现在各种人生礼仪中，如嫁妆服饰、贺寿挂屏等、孩子周岁服饰等。

金银首饰

南宋叶形镂雕龙纹鎏金银簪

北宋鎏金玲珑银塔

宋代之前，金银首饰多为权贵所有。从宋代开始，金银饰品（妆饰）逐渐走向平民化，成为官员、百姓共同装扮生活的时尚用品。温州分别从城郊护国岭武翼大夫赵淑仪夫妻合葬墓、永嘉县下嵊乡山下村（今属巽宅镇）、洞头县（今为洞头区）北沙乡九厅村、鹿城区人民路水仓组团基建工地等处，出土有多种南宋金银器，这些金银首饰、银碗等日用品以及金瓶、银龛等佛教用品，见证了宋代生活奢华的一面。

其中女性有钗、簪、钏、戒指等金银饰品，数量上以钗、簪、钏居多。如2005年发掘的赵淑仪夫妻合葬墓，墓主赵淑仪家世显赫，娶的妻子是右武大夫仇天民的女儿。仇氏在南宋绍兴年间（1131—1162）去世，被葬在西山护国岭。墓中出土一支"鎏金银钗"，长19厘米，重21.7克。细长双股，由银丝条对折而成，前端略粗，锥形尖，简洁大方。

北宋鎏金舍利瓶银龛

　　1983年永嘉县下嵊乡山下村遗址中出土的饰品较多，有双箍面银钏二件，鎏金银钗二十八件，鎏金银簪十六件，刻有铭文的银钗杆八件，麒麟形、蝴蝶形、花形银饰五件。洞头出土的有银钏一件，银钗三件，银簪四件。鹿城区人民路水仓组团附近出土的品种更多，有金凤凰头饰、金钏、银钏、金钗、银钗、银戒圈等。这些首饰做工精细，打制工艺复杂，有翻铸、切削、抛光、焊接、模冲、压印、捶打、錾刻、鎏金、镂雕、浅刻等。

　　一件鎏金叶形龙纹簪，长19.5厘米，宽2.2厘米，重11克，以镂空缠枝细花纹衬地，边沿浅刻珠纹，中间压印一条蛟龙腾空直逼火珠，龙爪反卷，龙颈、腹、尾三处分别錾刻凸菊花一朵，造型玲珑剔透，精美绝伦。出土的金凤凰首饰，长3.1厘米，重2.58克，凤凰尖喙、细长眼眶，高冠，颈部镂一圆孔，羽

北宋香草纹鎏金银盂

毛或长曳飘逸，或细密浅刻，凤尾与凤身焊接，镂空呈三角形，中有凹圆，原应嵌有细珠，腹下焊接细长金丝一根，呈 U 形弯曲，象征凤足，便于饰件系插。

温州出土的这些金银用品上钤印着"蔡景温铺""兴贤吴铺""京溪供铺记""京溪供铺工夫""冯将仕工夫""陈宣教""余宣钱""京销银馆""霸南街北""霸北街西"等字样，表明多是临安的金银铺所打造。其实宋代的温州城区也与临安一样，开设多家金银铺。

2004 年，南京城区建筑工地出土的银锭上，钤有"康乐坊西""孙宅渗银"等戳记——表明这家孙宅金银铺位于温州城区的康乐坊西头；另有银锭上有"温州马曹（槽）头""谢铺"等戳记——这是打造于温州马槽头谢姓金银铺的银锭。而从仙岩慧光塔等处出土的金银器以及银质佛像上，还有"银匠陈满舍□"之类的印记。

宋代的金银铺，除铸造银锭、金交子等贵金属流通货币外，也兼打造金银首饰出售。其中主要产品有钗、簪、钏等。尤其是钗，在宋代男女婚嫁中常作为定情信物，意义不同一般。

山重水复

温州自古出行不便，这是由地理位置决定的。

面海靠山的温州，西面地形较高，北上临安等地相隔重峦。据《元丰九域志》载，温州距杭州的距离是 890 里，是两浙中离杭州最远的一个州府。而北宋政府定都在今河南开封，温州到开封的路程，陆行 3480 里，水路 4030 里。虽有多条线路可从宋代北地政治文化中心抵达温州，沿路均有驿站、馆舍保障行路供给。但总体来说，水陆出行均不甚方便且花费时间较长。

唐宋时期两浙驿路有一条干线、三条支线，其中有两条支线可以连通温州与杭州。

一条支线是从温州出发，坐船经瓯江上溯到处州，从今丽水岩泉村上括苍官道，步行绵延 50 里的山路，到达今缙云东渡镇樊庄。然后上仙缙古道（仙居与缙云之间）或其他驿路，到达台州天台县，再经嵊县、绍兴、萧山，抵达钱塘县。

其中被今人称作括苍古道的通道，初建于唐末宋初，由左迁处州司马的大书法家李邕倡议，商人冯大杲筹资操办。建成后，向北连接仙（仙都）缙（缙云）古道，可通往天台等地，南接温处两地。这条通道是温州和福建两地前往杭城等地的主要道路，也是当时京城官员南下北归的主要通道，被称作"官道"，叶适有"瓯闽两邦士，汹汹日夜趋"之句可证。

与这条支线连接的，是宋时温州西北路的驿道，见录在光绪《永嘉县志》："宋时，白沙驿在西北，路接括苍界。"今址位于鹿城区山福镇驿头村。从白沙驿所在的陆路可前往括苍界。千百年来，它是连接南北两端官方交通、传邮的重要所在。

杭州来往温州的另一条支线，是从杭州西陵驿出发，经绍兴—宁波—奉化—宁海—天台，再从天台经乐清县抵达温州城区。这条支线，连接温州陆上的东北路，温州境内从南到北有乐清的琯头驿、西皋驿、芳林驿、芙蓉驿、白箬驿、温岭驿等。

以上两条均为北上的陆路。温州的第三条驿道，即南路，是从浙入闽的主要通道，从城区经瑞安县的来安驿和平阳县的前仓驿、松山驿，进入福建地界。南宋诗人陆游从绍兴前往福建担任主簿途经温州时，走的就是这条路。

以上三条是温州通往州域之外的陆上路线。境内百姓南北往来，也有三条陆路：

一是西北路，从瑞安城关到陶山，经桐岭背古道到山下瞿溪，再乘船顺三溪之水到小南门河入温州城区。

另一条即温瑞塘河沿岸修筑的百里石塘，南北走向，连接城区及瑞安、平阳各县。这条主要通道在温州知州沈枢牵头下，以官府出资为主、民间捐资为辅的方式，采石铺设塘路，总长七十多里，号称"百里石塘"，从杭州经温州到福建等地赴任的官员，大多经过此地，也被称作"官道"。宋代温州人徐献可赴泉州知州任上时，经过这里写下诗句"水长侵官路，桥低碍野航"。因过往行人较多，塘路上修建有"南塘驿"，以提供食宿等服务。南塘即石塘靠近古城南端的南塘河，宋时河里遍植莲藕，花开时节荷香扑鼻，因此有"旧时驿路百里荷香"的记载。

第三条即东边海岸线，宋代海岸线一带已形成不少以"岙"为地名的村落，尤其在帆游山仙岩一带，从南到北就有沈岙、梓岙、丽岙、泊岙等村落。沈岙村（今属瓯海仙岩街道）今尚存一座建于北宋大观年间的石梁桥。

和陆路相比，温州的水路交通显然占有优势。海岸线绵长的温州，境内有三大江流入海，独特的地理位置，除得鱼盐之利外，向海外沟通也有一份天然的便利："大抵永嘉、瑞安、乐清、平阳皆东跨巨海，随地异名。其南至于闽、广，东至倭夷，北至于淮扬、直沽、高丽，盖无适不达焉"（弘治《温州府志》）。

二十世纪三十年代城区水乡风貌

宋代温州已被辟为对外贸易港，从南亚、西亚、东南亚、日本等地，以及周边港口城市进入温州港的船只泊满江滨一带码头。温州人也通过这些商船，前往日本、朝鲜等地。

温州境内同样河流众多，水道纵横，西郊有瞿溪、雄溪、郭溪"三溪"之水东流，东郊有温瑞塘河水沟通小南门河，城区河道比较宽阔的有新河（信河）以及密集的七十二条水巷。东、南、西三面护城河萦绕，沟通城里河、塘、池、潭、浃、渎之水，向北汇入瓯江，组成了完备的古城水系。

韩彦直东嘉开河，是温州历史上规模较大的一次河流疏浚。城内外河流、新河水系经疏浚清理后，坐船在城中几可四通八达，城区形成了"一街一渠，舟楫毕达，居者有澡洁之利，行者无负载之劳"的水乡全景，叶适在《东嘉开河记》中称："虽远坊曲巷皆有轻舟至其下。"

出温州城南门外，是通往瑞安的一片平原，平原上南北方向横亘着温瑞塘河。塘河自南朝时期已经形成，经过历代温州主政者的深挖、修缮，宋代已将沿岸众多支流纳入，形成塘河水系。这些进入塘河的河流链接起南塘、丽田、梧田、老殿后、南湖、霞坊、南白象、鹅湖、帆游、下川、社帆、河口塘、穗丰、塘下、汀田、莘塍、瑞安东门等城乡数百个大大小小的村落。村落里的居民大多"以船为车，以楫为马"，他们耕种着塘河两岸的肥沃土地，基本以种植水稻、柑橘等经济作物为生。

发源于丽水的瓯江穿过温州境内，汇入东海。这是温州境内最大的一条江流，潮涨时江水西上，永乐《乐清县志》载有过往船只溯流"西至白沙、安溪，北至潮漈，接楠溪"。落潮时，江水东去，船只"北至琯头，南次乐湾（今龙湾），次崎头。舟行至此，始出江口入海，分南北行，谓之转崎"。

温州境内的第二大河流是瑞安江（飞云江），船只随"涨潮西上，一抵三港，一抵陶山港潮际。其退潮，江口东接洋屿入海，南次横河，次榆木，抵平阳县境；北次山前，次东山，次梅头，抵永嘉县境"。

明弘治《温州府志》卷四载，平阳东海海道，"北自瑞安县界榆木浦起，经斗门、仙口；自仙口南经江口、小茹、南监、邪溪、盐亭，抵大岙、王孙、蒲门；自蒲门抵堕项岭、俞山；自俞山抵福宁县烽火寨"。

北宋的首都开封，处于平原地带，在军事上处于"无险可守"的劣势，但优势也很明显，就是便于漕运。开封附近主要河流有四条，可沟通全国。其中的汴河向南可通达江淮，漕运淮南路、江南路、两浙路等，通达余杭，被称作京杭运河。京杭运河又可链接省内第一条运河——浙东运河（杭甬运河），跨曹娥江，经绍兴市，东至宁波市甬江入海口。这条水道在北宋时期达到繁荣的高峰，成为官方运输重要的水上大动脉。

从温州到京城，需先通过海运至宁波再换漕船。"温州所支纲运，兵梢、纲官转海至明州添支米，人日一升半。元破四十五日，内有船或遇便风，时月别无阻滞，及军梢用心挽驾，转海行运，不约日限到明州本镇，其余日添支米旧合回纳，自今与免克算填官，一例消破。"——《宋会要辑稿》的这段记载反映的就是仁宗天圣四年（1026）十一月，下诏从温州等地漕运的情况。

可以想见，北宋时期温州士子前往太学读书，多半也是靠水路辗转，千里跋涉，才能到达目的地。

造船架桥

　　水上交通离不开发达的造船业。宋朝开国不久，宋太宗对外派人前往南海诸蕃国，购进香药珍珠等特产；对内为保障首都开封的粮食等物资供应，大力发展漕运，分四路向全国各地征粜。漕运必然需要大量船只，因此政府向全国各大造船机构派遣年造船额度。

　　温州造船历史悠久，三国时期东吴就在横屿（今平阳万全）设置船屯，制造各类船只。北宋，温州造船业发展迅猛，设置有官营造船场，据《宋会要辑稿·食货五十》载，元祐五年（1090）朝廷下令温州、明州（宁波）每年造船定额六百只，名列全国之首。除了运粮纲船，温州还为朝廷打造浮桥所需的"脚船"。据《宋会要辑稿》所载，仁宗天圣二年（1024）三月，皇帝下诏"澶州浮桥计使脚船四十九只"。澶州地处今河南濮阳西，宋时为开德府，宋真宗多次御驾亲征，定"澶渊之盟"。而这些"脚船"都是"温、台二州打造"。

　　南宋偏安杭州，漕运公粮的航程大幅缩短，温州的造船额度虽然下降到三百四十艘，但仍居全国前列。南宋时温州船场已能根据图纸来建造船舶。船形狭长、可容纳 50 兵卒的刀鱼战船，就是温州和宁波船场的独创。

　　此外温州民间所需船只数量也很多。随着建炎年间温州被辟为外贸港口，民船发展迅速。南宋时温州下属各县登记的民船有五千多艘，其中"面阔一丈以上"的千余艘。

陈傅良曾写《舟说》一文，从帆、舵、碇等构件详细描述船只的功能特点。在宋代造船技术中，水密舱的设计已经十分完善。2022 年从温州朔门古港出土的宋代沉船，即设置有七个水密舱，为水上航行增加了安全系数。另外龙骨设计、鱼鳞搭接等先进技艺，也为航行提供了技术保障。

温州制船业之所以一度达到全国领先的水平，除水运发达之需及百工之乡的匠人精神外，还有瓯江上游盛产木材等原材料作为支撑。北宋赵帆在《温州通判厅壁记》中有"远近良材由之取道，于是漕运与诸郡之官舟实造于此"的记载。

官家要打造一艘大船当然价值不菲，史料记载，大型平底海船每艘造价三千贯，刀鱼战船价值在四百贯左右，而普通民用小舢板，价值约为一贯。这个费用应该并不算大，司马光曾说月入十五贯就足够十口之家的日用花费了（《宋代物价研究》，程民生著，江西人民出版社 2021 年版）。

小船渡人载物，划行在河道间，也划行在诗句里，点染出江南水乡最浓郁的诗情画意。"十里清风寻小寺，快船如马水如天"（林芘《游鸣山》）；"去帆欹绿水，别棹会中流"（林亮功《送友人至飞云渡》）；"渔师得鱼绕溪卖，小船横系柴门外"（徐照《分题得渔村晚照》）；"一舸寒江上，梅花共别离"（徐照《送徐玑》）；"水国乘舟乐，岩扉有径通"（徐玑《初夏游谢公岩》）；"明朝酒醒春犹在，更向长潭上小舟"（戴蒙《南溪暮春》）；"舟行风色好，波面去迢迢"……舟船是诗歌中频繁出现的意象，在温州诗人笔下是交通工具，是休闲游乐，也承载着离愁别绪，寄托着对隐逸生活的向往。

跨越河流还离不开桥梁建筑，《说文解字》称"用木跨水，即今之桥也"。据不完全统计，温州境内大小数百条河流上，架设了各种桥梁，遍布城乡，弘治《温州府志》载温属五县桥梁多达千万座，"水凑于境，河渠交贯，自城郭达乎村野，在在有焉……非桥梁以济之，则寻丈波流，如阻百里，而往来者病矣。故五邑桥梁多至数千万所"。桥的造型简朴实用，大多"以石柱趾于渊而联盖石板"达到上通行人，下渡舟航的目的；建桥材料有木、竹、石等多种，其中石料坚固耐用，是建桥首选。

元代船舶线描图

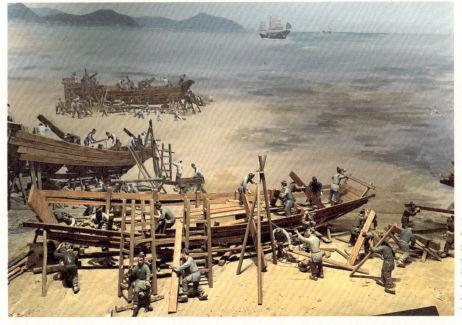

宋代造船模拟场景

　　"长桥短亭水纵横"，古时架桥建亭都是行善积德的好事，至晚清时温州城区仍有桥梁135座，多集中在信河水系，达百余座。这些桥有的以数字命名，如第一桥、第二桥；有的以官职命名，如将军桥、统制桥；有的取景物命名，如落霞桥、彩云桥（在飞霞洞前）、双莲桥；有的纪念历史人物，如高公桥（在谯楼下）、康乐桥；还有的以百工经营命名，如卖麻桥、砺灰桥（在横渎）、皂角桥、瞒鼓桥；有的表达美好愿景，如广利桥、万利桥、旺增桥、永宁桥等；还有的桥名含有教化功能，如兴贤桥、让善桥、惠民桥、孝睦桥等。可惜的是，随着城市建设步伐的加快，河道逐渐消失，城区桥梁几乎毁弃殆尽。

温州现存的宋代桥梁约五十座，分布在鹿城、龙湾、瓯海、瑞安、乐清、永嘉、平阳、苍南等地，以石材为主。石材虽然笨重且有棱角，给施工带来困难，被工匠视为"石老虎"，但经得起风雨冲刷、岁月侵蚀，充当着遇水架桥的主要角色。

在这些留存至今的石桥中，最常见的是石梁桥，制造形式有柱桥、墩桥、伸臂式、三折边等。有十余座建造于宋代早中期。

苍南县芦浦镇年糕桥，单孔桥，南北走向，桥面由三条石板并铺而成，桥下通航，两端桥墩由不规则块石砌筑。因桥形状似年糕而得名，桥沿一侧刻有"大宋嘉祐七年"题记。这座建于嘉祐七年（1062）的桥梁，是苍南县目前发现最古老的石桥。

永嘉县岩头镇溪南村三孔石梁桥，俗称"五房桥"，始建于元丰七年（1084），中孔西梁外侧有直书阴刻"元丰七年甲子十月□日□记"。

苍南县望里镇护法寺村的护法寺桥，三孔石梁桥，建于元祐三年（1088）。东西向横跨苏湖河，桥东、西两端桥墩采用柱形和壁形结合砌筑法，中间两墩为柱形墩，桥面并排直铺桥板。中孔北侧石板上刻有"时元祐三年岁次戊辰十二月癸酉朔初二日建"题记。这是浙南山区宋代早期石桥建筑的典型，全国重点文物保护单位。

龙湾区姜合桥，位于龙湾区白水社区郑宅村天柱路北侧，又名"上岸桥"，始建于北宋元祐四年（1089），明弘治《温州府志·桥梁》载其名。姜合桥东侧桥板直书阴刻"僧善辉并弟子姜禧合家等同造石桥一所，元祐四年八月二十三建"二十七字。姜合桥路段旧为出入天柱寺必经之地。

瑞安南滨街道大桥村林垟大桥，始建于北宋崇宁四年（1105），由当地吴三十九娘出资建造，是瑞安最早的梁式石桥。大桥呈东西跨架，为三孔梁式石桥。跨度11.6米，东、西、中各铺桥板石四条，边孔桥面再铺石级七级。中孔桥板两侧篆刻"吴三十九娘奉答四恩三有造此桥"和"时乙酉崇宁十一月十五日乙酉日建"铭文。

瓯海仙岩镇沈岙村祠堂桥，为三孔梁式石桥，全长11.25米。桥身呈弧形，桥墩是正方形石柱直立水中，桥面石板每孔铺三根。建于北宋大观年间（1107—1110），立柱上刻造桥者"石匠孙安"的铭文，较为罕见。

瑞安陶山镇陶峰村八卦桥，二墩三孔梁式石桥，南北走向，跨陶溪。全长25.4米，桥墩每墩设方柱5根，桥面铺桥板石五条。结构独特，中孔主墩两侧还有副墩，每排五根石柱，上架搭石梁一根，分流并增加桥的稳定性。此桥为张声道捐资建造，张声道系南宋淳熙间（1174—1189）人，世居陶峰，官至广东提刑，因此推测此桥建于南宋淳熙年间。现为省级文物保护单位。

鹿城区寺前桥，位于鹿城区藤桥镇上寺西村，横跨戍浦江支流藤桥江上，因位于龙泉寺前而得名。三孔梁式石桥，南北走向，乾道八年（1172）开工，历时7年于淳熙六年（1179）建成。桥全长33.3米，桥面由长短不一的石梁组成，桥墩由条石叠砌而成，桥梁西侧刻"乾道八年壬辰岁季冬癸卯创始龙泉院翰僧师表"，东侧刻"淳熙六年己亥岁孟月丙子日记功广阳石匠尤成"，桥面曾刻有"前垟季德恩口二十千"等，今已漫漶不清。

永嘉永庆桥（永度桥），位于永嘉岩头镇普安寺前，三孔石柱礅石梁桥。中孔梁侧有直书阴刻："大宋庆元三年丁巳四月十七日庚申""雪庵施长财建此永庆桥僧师则斡置"，可见此桥建于南宋庆元三年（1197）。雪庵即雪庵从瑾禅师，宋代名僧，永嘉楠溪人。普安寺是他出家剃度处，先后住持宁波天童寺、奉化雪窦寺。

苍南县赤溪镇过溪村五洞桥，建于南宋咸淳三年（1267）。福建漳州铁匠林祖清携家人逃荒至赤溪过溪村，发现溪沙可以炼铁，便定居于此，日夜炼铁，还带动了其他山民。林祖清死后，山民建"打铁宫"纪念，并集资建起五个桥洞的石桥，方便村民过溪祭拜。全桥铺设石板15条，最长的石板为15米。

乐清淡溪孝义桥

仕水碇步

三
条
桥

桥墩设计独特，两侧临水面砌成三角形分水尖，以减少水冲力，提高桥梁的承重力。现为国家级文保单位。

　　乐清市石帆街道慈济桥，位于大界村，三孔石柱磴石梁桥，桥墩边柱外侧有题刻"咸淳十年六月吉日谨志""太夫人解氏舍钱"。咸淳十年即1274年。太夫人解氏为宋末礼部尚书刘黻之母，大界村人。

　　除了梁桥，另有一种拱桥。温州现存的宋代石拱桥为数不多，知名的有位于乐清的万桥，始建于北宋元祐二年（1087），后于明代重建，四墩五孔，石色绀红，长度约为六十米，恰如长虹饮涧。

　　除石桥外，还有多见于泰顺等地山区的廊桥，如著名的三条桥，即始建于宋代，因三条巨木跨河为桥而得名，是目前发现的泰顺历史最悠久的古桥。另有山村溪流的碇步，被称作"踏跺""石蹬"，即古人"水中置石"的简易桥，或与独木桥属同一时期。

元丰六年（1083），17 岁的周行已跟着当官的父亲来到京城，补入太学，成为一名太学生。

太学，在宋代是国家的最高学府。想要入太学读书，得参加考试，叫"补试"，成绩合格方可被录取。

北宋初年，位于东京开封府内城朱雀门外御街之东的国子监，作为国家教育管理机构和最高学府，只有七品以上的"官二代"才有资格入读。宋仁宗庆历年间（1041—1048），实行教育改革，设立太学，八品以下官员子弟和平民子弟亦可入读。为满足激增的学生数量，太学搬进了御街东面的锡庆院。宋神宗熙宁年间（1068—1077），太学进一步扩大招生规模，锡庆院旁边的朝集院西庑也并为校舍。元丰年间（1078—1085），太学生数量已从原先的 300 名增加到 2400 名。

周行已就是这 2400 人中的一员。

周行己（1067—1125），字恭叔，原籍瑞安，后随父迁入温州州城，家居松台山下。这个风神俊朗的少年，从僻远的江南来到繁华京城，竟然一鸣惊人。"丰仪秀整，语音如钟，读书十行俱下"（《宋元学案》卷三二），文章一出手，就不同凡响，众人纷起模仿，一时间名重太学。

太学——那可是小城多少读书种子向往的地方啊！

太学生们

周行己并不是第一个入太学读书的温州人，只是在他之前，能够从偏远的温州千里迢迢跋山涉水，来到东京汴梁，入太学读书的人寥寥无几。

据记载，温州最早的太学生是瑞安人许景亮（1057—1113），"甫冠，游京师，补太学生。文词秀出等辈，学官先生交口称道"（周行己《许少明墓志铭》）。后又有"熙宁间入太学，得伊洛之传"的平阳人潘安固（生卒年不详）。

虽然路途过于遥远，但在太学读书的优势是显而易见的，考中进士的概率大为增加，比在闭塞的家乡有更多成功的机会。自周行己之后，不长的一段时间里，陆续又有八位来自温州的太学生。

元祐三年（1088），17岁的许景衡（1072—1128）也来到太学。许家是书香门第，文献记载中温州的第一位太学生许景亮就是他的兄长。"器质端重"的许景衡少年老成，和他同来的还有瑞安同学沈躬行（生卒年不详）。

元祐五年（1090），比许景衡年长三四岁的刘安节（1068—1116）、刘安上（1069—1128）兄弟同时被乡里推荐入太学。兄弟俩同样出类拔萃，"秀出诸生间，号二刘，一时贤士大夫皆慕与之友"。和刘氏兄弟同行的还有妹夫戴述（1074—1110）。

此外，蒋元中（生卒年不详）、赵霄（1062—1109）、张辉（1063—1117）这三位年纪相仿的温州同乡，也差不多时间入太学，都是资质出众、力学多闻的青年才俊。时人将周行己和这八位年轻人并称，给了他们一个共同的称谓——"永嘉元丰九先生"。

九人中的周行己、许景衡、戴述、沈躬行以及刘安节、刘安上兄弟入太学读书后，又先后赴洛阳师从当时大儒程颐（1033—1107），蒋元中、赵霄和张煇虽没有登门拜师，但也敬仰伊洛之学，认自己为程门的私淑弟子。他们应该是最早一批接受理学思想的温州学人，成为后来永嘉之学的源头。

温州子弟读书成绩确实没得说，政和初年（1111—1112），乐清人郑邦彦（？—1141）在太学读书时，"连占五魁"，考试总是名列前茅。不少温州学子还获得了太学生中的最高等级"上舍生"资格。

太学生分上舍生、内舍生、外舍生三个等级，需要通过考试层层晋升，层次越高，人数越少，2400名太学生中，上舍生仅100人。南宋乐清人王十朋在中状元前，多次科举落第，于是绍兴十六年（1146），35岁的王十朋选择赴京城参加太学补试。好在那时南宋都城位于杭州，较之北宋时的东京汴梁，路途缩短了很多。王十朋考入太学后，成绩优异，最后以上舍生的身份不必参加地方州府的解试，而是直接通过省试进入皇帝面试，被宋高宗赏识，"亲擢为第一"。可见赴太学读书，也是另一条考试的通道，没准东方不亮西方亮。

太学中还有一种制度，上舍生中出类拔萃者，获得脱去平民服装换上官服的资格，即"释褐"，相当于进士及第。北宋平阳陈经邦（生卒年不详）、陈经正（生卒年不详）兄弟被称为"平阳学之始"，陈经邦在太学读书时就因为成绩优异获"上舍释褐"；南宋林景熙同样因"上舍释褐"的身份，直接成为进士。

当然也有一些人志不在仕途，但求真学问。据许景衡《蔡君济墓志铭》（《横塘集》）中介绍，绍圣（1094—1097）间"游太学"的平阳人蔡元康（1075—1117），"见侪辈从事乎文艺，慨然曰：'此科举所须耳，夫学岂止是耶！'故闻贤有德者一言一行，孜孜访之唯恐不及，太学善士闻名而愿交者不可以一二数"，他因此耽误了科举考试，了解其学问的人都不禁为之惋惜，"凡游太学十余年，七上于礼部不第（崇宁中下第），中朝缙绅皆嗟惜之"。

宋代重视教育，太学生数量大增，这些来自各地的青年才俊们成为一股不可忽视的政治力量，在内忧外患的时代背景下，他们书生意气，挥斥方遒，议论朝政，针砭时弊，太学因此被称为"无官御史台"。在这些关心国家事务的太学生中有不少温州人的身影。

王十朋像

王自中（1140—1199），字道甫，亦作道夫，自号厚轩居士。平阳归仁乡（今属苍南）人。乾道三年（1167）在太学读书时，他对朝廷遣返"归正人"（由中原沦陷区来归的义民）的政策非常不满，三次上书请求收回成命。结果触怒执政大臣，被取消学籍，遣送徽州。

南宋著名的一场太学生议政事件发生在宝祐四年（1256），太学生刘黻（1217—1276）、陈宜中（生卒年不详）、林则祖（生卒年不详）、陈宗、曾唯、黄镛等六人上书参劾丁大全奸邪误国，结果被削去学籍，押解到外地。时人称为"六君子"。六人中前三位都是温州学子。

对宋代士子来说，太学生是一种身份的象征。对温州人而言，能够赴京城入太学，读书成绩好不用说，还需要一定的经济实力，因为除了路费还有学费，特别是北宋时期，路途遥远，山长水阔，这一趟求学的费用自是不菲。许景衡弟弟少雄看兄长们入读太学，自己也想去，却因囊中羞涩，难以成行。幸亏他有个好嫂子，景衡妻陈孺人卖了自己陪嫁的首饰，资助他路费。

　　当然，对更多的年轻人来说，在家门口的州学、县学读书，是更现实的选择。

官学教授

　　学问渊博、品行高洁的周行己一生没有做什么大官。

　　元祐六年（1091），周行己 25 岁。样貌清俊、才华出众的他一举考中进士，为右丞相冯京赏识，打算招为女婿。周行己却婉言谢绝。因为母亲已经为他订下了婚约，虽然对方乃贫家女，后又双目失明，但他仍然信守承诺，放弃了唾手可得的荣华富贵，归家娶妻。老师程颐得知此事后，也不禁感慨："颐年未三十时，亦做不到此事。"

　　周行己陆续出任过一些地方小官，任职时间最长的大概是学官了。崇宁三年（1104）任太学博士，教授太学生。但他为了侍奉双亲，要求调回温州，任州学教授，在家乡传授程颐伊洛之学。

　　国家有太学，地方有州学、县学，都属于官学系统。大中祥符二年（1009），曲阜先圣庙立学，又赐应天府书院额，这是宋代州县置学的发端。庆历四年（1044），依据参知政事范仲淹等人的建议，皇帝下令"诏州县立学"（《文献通考·学校七》），从此地方学校逐渐兴起。

　　"学而优则仕"，是改变人生命运的重要路径，各地都很重视教育，温州人也不例外。北宋"皇祐三先生"之一的丁昌期祖父丁世元说得很明白，除了读书学儒是一条光明大道，其他的谋生之道都荆棘密布，难以安身立命："男女婚嫁必于儒家，庶可训以善而责以义。使子孙学儒，犹坐嘉荫之下，自有清风。至于他术，譬如置之荆棘，动辄见伤，况足庇身乎！"（周行己《丁世元墓志铭》）。沈躬行之父沈度也谆谆告诫子弟："男必遣就学，女必归进士"（周行己《沈子正墓志铭》）。这种对教育的重视延续至今。

温州成为浙江省最早设立州学的地方之一，校址几经搬迁。原设在州治东南，天禧三年（1019）迁于九星宫故址；天圣五年（1027），迁回孔庙故地，即今府学巷名城广场。州学数次遭遇火灾，特别是绍兴十年（1140），城内一场大火烧毁了诸多官府机构，知州程迈仿太学制又重建于故址："右为庙，曰大成之殿，庙后有阁曰稽古，左为学，中为养源堂，两庑翼以肄业之斋，庖廪列其东。"

州学的教学质量当然取决于教授的水平。据弘治《温州府志》记载，北宋时期温州州学教授有"周行己、刘温伯、刘达夫、郭愈、陈安上、钱观复、刘士英、张铢、吴秉信、薛璇"，南宋时期教授名单更是一大串，多达 60 余人。

周行己在州学教授任上时间不长，但他的学术思想给温州带来了深远的影响。他作为"元丰九先生"之首，率先将洛学和关学传入温州，对后来永嘉学派的形成起到了奠基作用。

南宋时期曾任温州州学教授的宁波人史浩（1106—1194），后升任宰相，深得皇帝信任，临致仕推荐了江浙 15 位人才，"如薛叔似、杨简、陆九渊、石宗昭、陈谦、叶适、袁燮、赵静之、张子智，后皆擢用"，其中薛叔似（1141—1221）、陈谦（生卒年不详）、叶适三位都是温州人。

楼钥（1137—1213）于乾道七年至九年（1171—1173）任温州州学教授，淳熙十四年（1187）又任温州知州，与温州学子结下了深厚的情谊。他高度评价："东嘉，盖士夫之渊也，职于学者多佳士。"（楼钥《攻媿集》）众多学有专长的教授，改进州学，培养人才，为促进温州的学术发展作出了卓越贡献。

温州下辖四县，均建立了县学。永嘉县为州学所在地，因此建立较迟。元祐三年（1088）永嘉知县吴君平始立县学。其余各县县学均建立较早，平阳甚至早在晋太康年间（280—289）已建有学宫，被称为浙江最早的学校之一。

各县地方官都非常重视县学的建设，平阳知县陈容甚至说："政有大于此耶？"各县县学无不经历多次迁址、修缮、扩建等，陈傅良、叶适都曾写有《重修瑞安县学记》，记录了瑞安县学多次重修的经过。地方官们多方筹措资金，或拨出公款，或动员民资，或捐出自己的俸禄，建起巍峨轩昂的堂堂学府。弘治《温州府志》载："堂斋庑舍，莫盛于宋，而学业随之"，可见当时教育机构气派宏伟的盛况。

除了硬件设施外，师资力量的重要性不言而喻，延请名师是提振县学的举措之一。曾在太学"连占五魁"的郑邦彦应邀主持乐清县学，"郑学术渊粹，为时名儒，从之游者以百数"（王十朋《东平万府君（世延）行状》）。

知县们自己都是从科举场上考出来的佼佼者，有的干脆亲自下场，平阳知县陈容"于其间敷绎《四书》大义，亲为指授，春融冰涣，听者耸服"。南宋时期平阳连续出了两个状元，嘉熙二年（1238）周坦中状元；淳祐元年（1241）徐俨夫中状元，平阳学风之盛可见一斑。

民间书院

大观三年（1109），周行己罢官归来，第二次回到家乡。

宋代新旧党争冲突激烈。新党弹劾程颐，周行己受牵连而被罢官。他回乡后，在松台山麓筑浮沚书院，后人因此称他为浮沚先生。

"浮沚"，意为身若浮萍，去留无止。周行己选择"净光山下，古西射堂之遗址，蓊然小洲，缭以勺水"之地，为"暂寓之室"，以安顿"无止之身"。

这处山水缭绕的清幽之地，从此成了周行己招徒授业的讲堂，也成了关洛之学在温州传播的重要场所。

周行己注重修德立行，强调"以道修身""以道治世"，推崇真才实学，学以致用。浮沚书院为温州培养了一批人才，吴表臣即是其中之一。他26岁中进士，官至吏部尚书兼翰林学士，为宋代名臣，《宋史》有传。南宋著名学者郑伯熊（1124—1181）、郑伯英（1130—1192）兄弟亦深受周行己影响，自认是周门"私淑弟子"。叶适评价，对于永嘉之学，"周作于前而郑承于后"，周行己及郑氏兄弟皆有开创之功。

追溯周行己最初的思想启蒙，却是来自"皇祐三先生"之一的林石。林石（1004—1101），

林石像

王开祖像

丁昌期像

字介夫，瑞安人，学者称塘岙先生。他对仕途不感兴趣，只在乡里设塘岙塾，授徒讲学。周行己对这位"终身从教"活到98岁的前辈颇为推崇，将其与程颐、吕大临等相提并论，认为均是能"行古道"的学者，"尊为世宗师"。

当时和林石并称为"皇祐三先生"的还有丁昌期和王开祖二人。

丁昌期（生卒年不详），字逢辰，永嘉人，学者称为经行先生。归隐州城，建醉经堂，聚徒讲学，刘安节曾师从于他。

王开祖（约1035—1068），字景山，永嘉（今温州城区）人。他建立了温州最早的书院——东山书院（初建于华盖山，后迁于积谷山），从者数百人。这位34岁即英年早逝的学者，留下的著述仅《儒志编》一书，还是由弟子记录整理而成，共收录与弟子论学的内容114条，全编通过问答阐发其思想要义。他倡导修己治人、重视历史研究、强调实践为重，对温州后学产生重大影响，被尊为温州学术的开山祖。

书院是民间的产物，出现于唐代，兴盛于宋代，教学方式比官学更自由活泼，鼓励师生间的交流和对话，在人才培养、思想传播、学术交流中起到了无可替代的作用。宋代温州书院之多在全省排名第一，据《浙江省教育志》记载，宋代杭州书院共有5个，嘉兴3个，湖州8个，绍兴16个，温州则有19个。

南雁荡山华表峰下，依洞而筑的会文书院是北宋平阳陈经正、经邦兄弟读书处，也是他们受业于程颐后，回乡办学之处，由此开平阳学统，启文教新

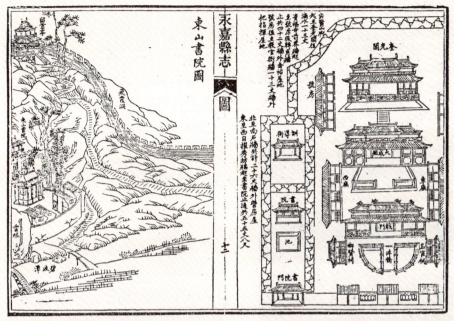

东山书院图

风。会文书院是温州目前保存较好的一座古代书院，今为浙江省文保单位。门口清代孙衣言的对联"伊洛微言持敬始；永嘉前辈读书多"，取自其《题会文书院》诗："兄弟同时奋薜萝，北方千里就磨磋。遂为浙学文斯在，直到横阳士尚峨。伊洛微言持敬始，永嘉前辈读书多。荆榛重辟宗风远，莫但比邻听酒歌。"——充分彰显了温州先贤学术启蒙的历史功绩。

此外，早期建立的书院，郡城还有朱聱（生卒年不详）在德新坊创立的德新塾、张煇在城南厢创立的草堂塾，乐清有钱尧卿（1073—1144）在茗屿乡创立的白石塾、贾如规（1088—1166）在永康乡创立的鹿岩塾等。

南宋时期，书院更加兴盛。士子学人考中进士前，往往在家乡设帐授徒，维持生计；官员致仕归乡后，以开办书院，招徒讲学为乐事，将毕生所学传授后人。

曾两次在乡试中拔得头筹的陈鹏飞（1099—1148），在郡城五马坊立小南塾，"以经术教生徒，常数百人。其学不为章句新说，必本人伦正论而趋于

南雁会文书院

宋代天文图刻石

深厚"。

郑家兄弟都曾在家讲学。先是郑伯熊在郡城立城西塾,后由弟伯海接续,"家居立义塾,延师训生徒五百余人,至今名其里曰学堂前"。弟伯英不愿外出当官,以侍母为由,晚年也在家讲学近 20 年。

曾任湖北提刑、浙西提刑的王致远(1193—1257),辞官后居乡 10 年,在郡城西南隅创办永嘉书院。每月请乡先生主讲,并在东边屋、西边间立祠塑像,祭祀程门诸先生及温州程门诸弟子。书院所在之处被称作"书堂巷",巷名沿用至今。王致远博学多通,淳祐七年(1247)在浙西提刑任上时,做了一件名载史册的事。他把从蜀中所得黄裳八图(太极图、三才本性图、王霸学术图、九流学术图、天文图、地理图、帝王绍运图、百官图)摹刻于苏州府学。现存石刻《地理图》,系宋代中国地形图,绘制了山脉、河流、长城及全国各级行政机构路、府、州的位置。石刻《天文图》有 280 个星座,计 1434 颗星,反映了当时地理、天文方面的辉煌成就,是现存世界上最早的天文图。

学者戴蒙(生卒年不详)在永嘉楠溪仙居乡设立菰田塾,延师设教。这

乐清梅溪草堂

是楠溪最古老的书院之一，后据说因宋光宗御赐题匾"明文"，故又称明文书院。紧邻书院旁的戴蒙故居，是一座两层木构民居建筑，楠溪江耕读文化的典型载体，今为浙江省文保单位。

王十朋 46 岁中状元之前，多数时间也以授徒为业。33 岁时，他在家乡乐清梅溪创办了梅溪书院，讲授《春秋》《论语》等六经，每月进行文章会评。书院还设有梅溪诗社，师生唱和，声名远扬。不仅吸引了本地的读书人，台州、安徽、山东等地也有不少慕名而来的学子，"受业者以百数"。

宋代温州的书院思想活跃，学风浓厚，师生间感情融洽，培养了大批弟子，催生了南宋时期重要的思想流派——永嘉学派。永嘉学派又称事功学派，倡导"以经制言事功"，主张"通商惠工、减轻捐税"，为振兴南宋政治经济社会寻求路径。薛季宣、陈傅良、叶适，作为永嘉学派中三个最重要的人物，"薛经其始而陈纬其终"，叶适则集大成，他们通过书院这个场所阐发观点，相互论学，强调学以致用、关注民生、义利并举，最终形成了学术观点接近、精神理念相通的思想学派。永嘉学派逐渐与朱熹"理学"、陆九渊"心学"形成鼎足之势。

薛季宣像

陈傅良像

叶适像

薛季宣（1134—1173），字士龙，号艮斋，学者称艮斋先生，永嘉（今温州城区）人。出身于官宦世家，父薛徽言早逝，少时随伯父薛弼宦游各地。师从程颐弟子袁溉，得其所学，通礼、乐、兵、农，官至大理寺主簿。突破程门内圣之学而使永嘉之学具有自身特色的，世所公认是薛季宣。全祖望在《艮斋学案》开头说：“永嘉之学统远矣，其以程门袁氏（袁溉，字道洁）之传为别派者，自艮斋文宪公始。”薛季宣所拟《策问二十道》，结合现实进行阐发，充分反映经制事功之学已形成体系，有了良好的开端。

在多年的宦海生涯中，他多次返乡。隆兴二年（1164）在家候缺，那四五年间，他潜心学术，教授生徒。绍兴二十五年（1155）因与上司论事不合，再度回乡，设立稚新学塾，薛叔似、徐元德、王楠等先后投其门下。乾道二年（1166）在家候缺时，常去茶院寺学塾找陈傅良论学。陈傅良对其学问深为敬服，乾道五年（1169）冬特意去他任职的常州拜入门下，结下师生情谊。可惜薛季宣40岁即英年早逝。薛季宣去世后，陈傅良等人为其张罗后事，并撰写纪念文章。

继承薛季宣之学的是陈傅良。全祖望在《止斋学案》开头说：“永嘉诸子皆在艮斋师友之间，其学从之出，而又各有不同，止斋最称醇恪。观其所得，似较艮斋更平实占得地步也。"

　　陈傅良（1137—1203），字君举，号止斋，学者称止斋先生。瑞安澍村人，9岁父母双亡，靠祖母抚养成人，家境拮据，酷爱读书。早年以塾师身份闻名乡里，24岁即开始教书生涯，先是被同乡聘为塾师，后被茶院寺学塾聘主讲席，以独到的见解、新颖的思想，征服了众多学子。在茶院寺学塾读书的叶适曾记叙当时盛况："公未三十，心思挺出，陈编宿说，披剥溃败，奇意芽甲，新语懋长，士苏醒起立，骇未曾有，皆相号召，雷动从之"，简直有振聋发聩的效果，从学者累数百人。乾道四年（1168），陈傅良辞去教职，读书、游学，两年后入太学，又两年后中进士。授迪功郎、泰州州学教授，但他未赴任，留在家乡

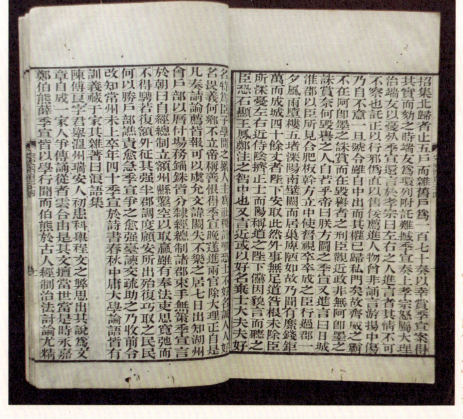

《宋史·陈傅良传》书影

鹿城区金锁匙巷叶适祠堂

教书。淳熙六年（1179）任福州通判，得罪豪强被罢官，挂一个闲职后，回家继续教书。淳熙十一年（1184），被任命为湖南桂阳军知军，候职期间，与友人在仙岩创办书院，"授徒仙岩，四方景从"，可见他在温州教书育人方面投入了颇多精力和时间，效果也很明显。学生中著名的有蔡幼学、曹叔远、钱文子等人，都是永嘉学术的佼佼者。朱熹称赞他："君举胸中有一部《周礼》"，后人誉之为"东瓯理学无双士，南宋文章第一家"。去世后，叶适为他撰祭文和墓志铭。

比陈傅良小13岁的叶适最初也是以执教谋生。叶适（1150—1223），字正则，号水心，祖籍瑞安，后迁居温州城区。14岁在茶院寺学塾读书，师从陈傅良，此后亦师亦友的交谊长达40年。后因家贫，年仅16岁就开始执教，先后在乐清白石、雁荡山僧舍等处授业。乾道五年（1169），叶适还在金华向薛季宣问学，此后书信往来频繁。29岁考中进士，四年后即淳熙十年（1182），赴苏州任职浙西路提刑司干办公事，当地慕名前往问学者众多，于是他在苏州葑门讲学授徒，培养了滕朗、周南、厉仲方、薛仲庚等一批学者。嘉定元年（1208），年近六旬的叶适回乡定居水心，悉心讲学15年，著《习学记言》五十卷。刘宰记述叶适讲学盛况："叶水心在永嘉，户外之屦常满，盖其师友相从，亦徘徊而不忍去。"

陈傅良、叶适是中国历史上著名的思想家，同时还是文章家，备受时人推崇。陈傅良"严淡简古，有行云流水之势，冠冕佩玉之声，无陈腐，无险怪，又非所谓徒饰者，真可法也"；叶适"先生之文，精诣处有韩、柳所不及，可谓集本朝文之大成者矣"（叶绍翁《四朝闻见录》甲集《宏词》）。

两人都很擅长时文写作，对科举考试摸索出一套经验，甚至创出了一种新文体"永嘉体"，在考场上所向披靡。庆元二年（1196）八月，知贡举、吏部尚书叶翥上言："叶适《进卷》、陈傅良《待遇集》，士人传诵其文，每用辄效。"（《宋史·选举志二》）还有一本《永嘉先生八面锋》的书，虽然作者未具名，但据考为陈傅良、叶适或其门人所著，这些书几乎成了科举士子入门的必读书。

科举场上

名师出高徒。温州不论是官学还是私学，师资力量雄厚，集中了当时的名流学者，特别是在陈傅良、叶适等影响下，温州士子不仅精通经制治法之学，而且掌握了科举考试的方法，温州人在考场上纵横驰骋，风头正健。南宋开科49次，温州历科所中进士总数多达上千人，居全国第二，仅次于福州。仅咸淳元年（1265）一科中进士就达99名，成为科举史上的奇迹。

宋代还出了六位文状元，九位"省元"（礼部试第一名，是科举考试中最重要的环节），省元数量在全国各城市中也排名第一。人们纷纷点赞温州："永嘉道德之乡，贤哲相踵，前辈虽往，风流犹存""素号多士，学有渊源，近世名流胜士，继踵而出"。

温州历史上第一位状元徐奭（968—1030），字武卿，瑞安县木棉（今泰顺司前墩头）人，北宋大中祥符五年（1030）考中状元。此后的五位状元都在南宋时期。王十朋（1112—1171），乐清四都梅溪人，绍兴二十七年（1157）状元；木待问（1140—1212），字蕴之，号抱经居士，隆兴元年（1163）状元及第；赵建大（1175—1235），字嗣勋，永嘉县膺符乡六都（今龙湾区状元街道）人，嘉定四年（1211）状元；周坦（1201—1263），字平甫，号瑞江，嘉熙二年（1238）中状元；徐俨夫（1200—1260），字公望，号桃渚，平阳县桃湖（今属苍南）人，淳祐元年（1241）中状元。

除了这些状元外，温州还有一批科考场上的高分考生。如平阳（今属苍南蒲城）人陈桷（1091—1154），北宋政和二年（1112）中探花（第三）；永嘉人何溥（生卒年不详），南宋绍兴十二年（1142）高中省元等。

陈傅良、叶适作为时文高手，自己在科举场上的成绩也很有说服力。乾道八年（1172）陈傅良以省试第二名的成绩登进士第。那场省试，前三名分别是蔡幼学、陈傅良、徐谊，全是温州学子，也就是说全国前三由温州人包揽，外地官员不无嫉妒地说："场屋之权，尽归三温人。"淳熙五年（1178）叶适以进士第二名的成绩及第，也就是俗称的"榜眼"。

很多家族出现一门多进士的盛况。如朱士廉和朱士衡，周豫、周泳和周行己，鲍轲和鲍朝孺，侯正臣和侯涣，张时敏和张时宪，王公辅和王公彦，刘安上和刘安节，林杞和林待聘，吴鼎臣和吴表臣等人。永嘉戴氏有"一门四代六进士"的佳话，代表人物如戴溪、戴蒙、戴侗等。来自福建长溪（今福安）的薛氏迁居温州后，元丰二年（1079）薛强立考中进士，出仕为官。自此家族中有 20 余人科举及第，仅《宋史》有传的就有薛弼、薛徽言、薛叔似、薛季宣、薛良显等人，其中尤以薛弼为代表，官至敷文阁待制，是温州走出的名公巨卿。

不过温州学子不是死读书的类型，按《宋元学案》的概括，永嘉学派的实质是"以经制言事功"。在国家内忧外患之际，众多学人从对经典、制度的研究与探讨入手，力求解决当时社会现实问题，探索民生改善、富国强兵之道，正如明清之际的学者黄宗羲所指出的"永嘉之学，教人就事上理会，步步着实，言之必使可行，足以开物成务"。

大批英才在政治、经济、军事和学术文化各个领域作出贡献，《宋史》中列传的温州人有许景衡、黄友、吴表臣、萧振、陈桷、薛弼、张阐、朱熠、潘方、娄寅亮、倪涛、薛良显、薛徽言、王十朋、薛季宣、陈傅良、王自中、许及之、薛叔似、徐谊、陈谦、叶适、蔡幼学、曹叔远、林略、曹豳、戴庆炌、陈宜中、刘黻等 36 人。

"元丰九先生"之一许景衡成为北宋时期的一代名臣。元祐八年（1093），年仅 21 岁的许景衡中进士。步入仕途后，先后在浙江及河北等地任地方官，因政绩突出升迁到京城任监察御史，后又升殿中侍御史。当时把持朝政的王黼、蔡攸、蔡京等为取悦皇帝，不惜动用几十万民夫将江南的奇花异石千里迢迢运到东京，这就是历史上有名的"花石纲"劳役，百姓怨声载道。性情耿介的许景衡上书直言：减免江浙茶盐税，停止"花石纲"运输劳役，让百姓有舒宽的机会，以恢复江南生机。他还多次弹劾童贯"贪谬不可用者数十事"，最终被排挤出京。后在钦宗、高宗执政期间又被召还，任御史中丞、尚书右丞等重要职位，但因坚定地站在主战派一边又屡遭罢官，逝于贬职途中。南宋建都临安后，高宗忆起许景衡"执政忠直，遇事敢言"，感念不已。

北宋大观三年（1109），周行己的学生吴表臣和兄鼎臣同时考中进士，传为佳话。高宗驻跸温州时，被授监察御史一职。后累迁至吏部尚书兼翰林学士。他本来与秦桧交好，秦桧主政时打算派他出使金国议和，划定地界，并暗示事情办好了宰相的位置就留给他了，"指政事堂曰：归来可坐此"，吴表臣断然拒绝。晚年的吴表臣居家过日子，恢复布衣本色，民间舆论称赞他"清约"。

王十朋是南宋温州第一位文状元，也是高风亮节的一代名臣。他46岁中状元，60岁去世，满打满算也就14年的仕宦生涯，但他不论在哪个职位上，都颇有建树，《四库全书总目》评价说："十朋立朝刚直，为当代伟人。"他在侍御史任上，力排和议，弹劾主和派宰相史浩及党羽，使其罢职，人称"真御史"；他在任饶州、湖州、泉州知州时，救灾除弊，政声卓著。每次离任时，当地百姓都流着泪苦苦挽留，饶州、泉州百姓为了留住他，甚至把他要经过的桥梁拆掉，他只好绕道离去。泉州百姓后来重修此桥，用王十朋的号"梅溪"为桥命名。他为官清廉，夫人在他泉州任上去世后，他竟无钱将她灵柩运送返乡，只得在泉州停柩两年。"臣家素贫贱，仰禄救啼饥"，王十朋的诗句真切地反映了其贫寒家境，除了朝廷俸禄外，再无其他灰色收入。朱熹将他与诸葛亮、杜甫、颜真卿、韩愈、范仲淹五君子相提并论，说："海内有志之士闻其名，诵其言，观其行，而得其人，无不敛衽心服。"

或是出于对王状元的崇敬，温州民间流传有大量王十朋的传说故事，甚至这些故事还被搬演上了戏台。今温州博物馆里藏有一方与王十朋相关的端砚。

这方貌似并不起眼的长方形残砚，长 18.2 厘米、宽 11 厘米、厚 6 厘米，是宋代最常见的抄手砚（也称插手砚）。石质坚硬细腻，砚背有 36 个参差不齐的星柱，顶端露"石眼"如繁星。前眉刻篆字："体端厚兮灵化成，罗星数兮焕文明……"和"绍兴宸翰"等印。右侧刻王十朋楷书："绍兴丁丑三月二十一日集英殿赐第，特赐御铭宝砚，恭作砚颂，并诗一章，有序……"原来这是王十朋考上状元时，宋高宗所赐之物。

著述立言

　　官位不高、寿命不长的周行己为后世留下了《浮沚集》六卷及《后集》三卷，这些凝聚其学术思想的著作一再被刊刻。传世刊本有武英殿聚珍本、四库全书本及《敬乡楼丛书》本，21 世纪初学者周梦江整理了《周行己集》，2015 年浙江古籍出版社又出版《周行己集》，分别收入《温州文献丛书》与《浙江文丛》。

　　"守位莫大于得人心，聚人莫先于经国用"，周行己在论著中阐明了自己的经世思想。在他看来，得人心有四：广恩宥、解朋党、用有德、重守令。经国用则有六：修钱货之法、修吏役之法、修转轮之法、修居养安济漏泽之法、修学校之法等。他在货币理论方面的创见尤为后人所推崇，最早提出纸币发行准备金理论，充实和丰富了我国古代货币思想理论，还主张改善和推行茶盐钞引、公据等信用凭证和证券，赵靖主编的《中国经济思想通史》认为："周行己是北宋时期货币思想的集大成人物。"

　　宋代温州学者数量众多，《宋史·儒林传》中以名儒著称的有陈傅良、蔡幼学、叶适、戴溪、叶味道等，清末学者孙衣言汇编温州地方史资料的《瓯海轶闻》中，列出宋代温州学人达 150 人，既包括以经制言事功的"永嘉学派"，也包括朱熹学说在温州的传人陈埴、叶味道等人。他们与周行己一样，乐于著书立说，《四库全书》收入的宋代温州著作就有 66 部。

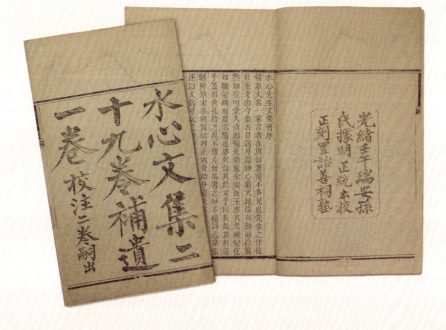

《水心文集》书影

《止斋先生文集》书影

虽然有不少著作已散佚在历史的尘烟中，但仍有大量著述流传至今，弥足珍贵。据学者洪振宁统计，2008年以来，国务院陆续公布了六批国家珍贵古籍名录，其中有19种著作31部刊本为永嘉学派学人的相关著作，如《水心先生文集》明正统十三年黎谅刻本、《习学记言序目》明抄本、《贤良进卷》

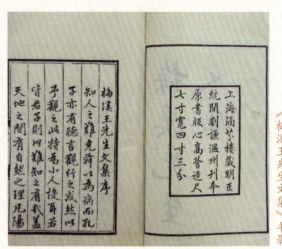

《梅溪王先生文集》书影

清嘉庆十八年抄本、明正德元年刻本《止斋先生文集》、孙衣言著作的稿本《水心集校注》《瓯海轶闻》等。2006年出版的《全宋文》360册，收入宋代温州人的文章有171家。2010年起，《儒藏·精华编》陆续出版发行，中国部分计282册，周行己《浮沚集》、王十朋《梅溪集》、薛季宣《浪语集》、陈傅良《止斋文集》、叶适《习学记言》与《水心集》等温州学人著作被校点整理编入。2004年出版的《宋集珍本丛刊》108册，影印收入薛季宣、叶适等温州学人文集14部。

除个人著述外，南宋温州籍官员在外地任职时，往往参与编修当地史志。绍兴三十二年（1162），薛季宣任武昌令，编撰《武昌土俗编》二卷。淳熙六年（1179），陈傅良任福州通判时所纂《长乐志》四十卷，名为知府梁克家修，实际上"大略皆出其手"（清孙锵鸣《陈文节公年谱》）。庆元五年（1199），戴溪任泉州通判，协助知府刘颖撰《清源志》七卷。徐自明曾修《浮光图志》三卷，嘉定十年（1217）知永州，又修《零陵志》十卷。嘉定十三年（1220），张声道知岳州，修《岳阳志》三卷。嘉定十七年（1224），蔡范知黄岩县，修《黄岩志》十卷等等。

至于温州本地史志，更是离不开本土学者的贡献。绍熙三年（1192），曹叔远受地方官员委托撰《永嘉谱》二十四卷，"坐大云僧舍，阅半岁而成"，分年谱（建置沿革大事）、地谱（山川、疆域、名胜、古迹）、人谱（官师、除罢、选举、人物）、名谱（物产等）四大类。《宋史·曹叔远传》记载"尝编《永嘉谱》，识者谓其有史才"。

嘉定九年（1216），陈谦撰《永宁编》十五卷，弘治《温州府志·陈谦传》评点："永嘉图经自绍熙有《永嘉谱》旧志，至嘉定中，谦复辑《永宁编》十五卷，详悉，议者取之"，说明其体例较为完善，比《永嘉谱》有显著突破，是宋代温州方志的成熟之作。

温州学者对文字学颇有贡献。永嘉人戴侗（生卒年不详），淳祐元年（1241）进士。其父兄、外祖、舅父均精于六书，特别是父戴蒙、兄戴仔都曾订正许慎《说文解字》，但未及成书就先后去世。戴侗承继父兄志业，积 30 年之功，著《六书故》三十三卷、《六书通释》一卷。打破许慎《说文》的体例，重新解释象形、指事、会意、形声、转注、假借六书的意义，对后世的文字、音韵、训诂等产生了很大的影响。

宋代温州学者地理学著作虽不多，但一部《岭外代答》影响深远。作者周去非（1135—1189），字直夫，永嘉（今温州城区）人，是周行己的族孙。隆兴元年（1163）考中进士，乾道八年（1172）赴广西任职，先后任广西钦州教授、静江县尉、代理灵川知县等。他在广西任职六年最大的收获，就是淳熙五年（1177）撰著的《岭外代答》十卷，全面记录了岭外见闻，是研究宋时中西海上交通和 12 世纪亚洲东南亚概况的珍贵资料。他没有出过国，也没有在市舶机构任职，但他视野开阔，

永嘉戴 侗著

六書故

本衙藏板

《六书故》书影

对海外诸事充满好奇，通过与市舶官员、译员等人的交谈，了解到与岭南地区有来往的四十多个国家的名称，特别是对其中二十多个国家的地理、航线、风貌、物产有详细记述，如女人国、木兰皮、麻嘉国、白达国等国家和地区。最早关于指南针路航海的记载也见于此书。《四库全书总目提要》称"实足补正史所未备"。

《岭外代答》书影

宋代著述宏富、书籍刊刻量大，和当时造纸业、印刷业兴盛有很大关系。温州在五代吴越国时期即开始生产的蠲纸，北宋至和（1054—1056）年间列为贡品，《太平寰宇记》《元丰九域志》对此都曾有记载，弘治《温州府志》称："旧时州郡尺牍皆用之"，和当时最著名的高丽纸、澄心堂纸齐名，元程棨《三柳轩杂记》描述这种"洁白坚滑"的蠲纸，东南称第一。仙岩慧光塔出土的北宋刻本《大悲心陀罗尼经》，专家鉴定使用的即为蠲纸。南宋时造纸业更加发达，

北宋刻本《大悲心陀罗尼经》

为各级教育机构刊印大量书籍奠定了物质基础。

20世纪60年代从宋代慧光塔、白象塔出土的一批经文，揭示了宋代温州印刷业的发达。慧光塔出土的《大悲心陀罗尼经》书法隽秀，刻工传神，是不可多得的宋版精品，名列2010年国务院公布的第三批《国家珍贵古籍名录》和"全国古籍重点保护单位"。浙江省博物馆2018年"越地宝藏"大展汇聚全省39家文博机构，为观众呈现从史前到明清期间浙江大地上精彩的100件国宝，这件刻本也名列其中。

白象塔出土的《佛说观无量寿佛经》二卷，刊有"大观元年（1107）十月望日，永嘉显教院沙门子坚跋文"，末页还有亲笔题记"比丘子坚印造此经"，可见北宋时期温州已形成刻经印书的印刷业。

尤为珍贵的是，白象塔出土的《佛说观无量寿佛经》残页，考古专家推断为崇宁二年（1103）所刻，且据字迹特征认为是现存最早活字印刷品，成为沈括关于毕昇活字印刷记述的难得实证。

1994年，温州博物馆工作人员在整理北宋国安寺石塔内所藏印本时，发现了一件彩色木刻版画《蚕母》，刻画了蚕神的形象和蚕茧丰收的场景。版画残高约21厘米，残宽约19厘米，阳文刻版，用浓墨、淡墨、朱红及浅绿四色印在质地柔软的纸上。画面左边为蚕母立像，头梳高髻，肩披帛巾，面庞圆润，

北宋蚕母彩色版画

姿态雍容，颇具晚唐五代遗风。右边蚕茧满筐，筐壁围有重瓣莲花纹。左上方有长方形字框，直书"蚕母"二字。衣纹、帛巾线条刚劲，画面清心悦目。这幅作品显示北宋时期温州已能套印版画，在印刷领域水平高超。

随着印刷业的不断发展、成熟，南宋温州从官方到民间都刊刻了大量学术、艺术著作。著名的学术典籍《大唐六典》，

北宋《佛说观无量寿佛经》

现存最早的即为南宋绍兴四年（1134）温州州学所刻残本十五卷，世称"南宋本"，中华书局 1984 年影印出版。这部典籍被列为国子监官方名版书，内注明温州籍刻工姓名，共 11 人。

除了大批官方刻印的书籍外，还有不少民间出资的刻本。如曹叔远编《止斋先生文集》，就是靠数人集资促成，"楼公（钥）复以属郡守杨公简续刊之，杨谢不能。郡博士徐公凤慨然曰：'是吾志也，吾起慕敬于兹久。'乃与前吏部侍郎蔡公幼学更加订定，即廪士羡缗数万，亟成之，于是后学咸得观先生全文，而楼公美意始无憾焉，徐公之赐厚矣。"（曹叔远《止斋先生文集后序》）。叶适编纂先贤名家的代表作，并自费刊印，他在《播芳集》序文中记述："取近世名公之文，择其意趣之高远、词藻之佳丽者而集之，命工刊墨以广其传。"

尚武忠义

　　温州自古有习武的传统，宋代武状元、武进士就出了三百多名。令人钦佩的是，这些以"武"取得功名的人，武可上马杀敌，文可著书立说，原来是文武双全的一代才俊。

　　北宋初期对武举并不重视，直至立朝后 69 年的天圣七年（1029）才开始设武举。翌年，宋仁宗亲自担任考官，进行武举殿试。当时主要考射长垛、马射、马枪、步射、材貌、言语、举重等七项内容。后来不断调整、完善考试内容和方法，宝元三年（1040）出台新规："自今武举人程试，并以策问定去留、弓马定高下，余依兵部旧制考校。"策问考的是学识和见解，并不只是单纯的武艺，希望以此来提高军官的综合素质。宋徽宗时期，又规定各州普设武学，仿照文科设置相关考试制度。

　　永嘉楠溪合溪（今溪口）人潘文虎（1089—? ），北宋末年中武状元，是温州第一个武状元。但这个武状元出身于书香门第，光绪《永嘉县志》评价他："文武兼备，博通兵法，擅长文章。"潘文虎"授步骑将领，成忠郎"，开风气之先。

　　宋高宗绍兴十六年（1146），局势逐渐安定，南宋重开武科举考试。临安设立武学，作为培养军事人才的最高学府，并规定武学学例与国子监同，大大提高了武学的科举地位。高宗驻跸温州时，扈从的部分武将、军士留居本地，在很大程度上促进了南北派武术的交融发展，温州武学之风更盛。

据史料记载，南宋 153 年间共举行 48 科武举，在４８名武状元中，温州武状元数量占到全国三分之一，而平阳（包含今苍南及泰顺部分区域）一县独占近八成；南宋千余名武进士中，温州有三百多名，平阳又占其中三分之二多，因此平阳被称作"武状元之乡"。

平阳县金舟乡（今属苍南）人陈鳌（1115—1187）、陈鹗（1119—1183）兄弟，年龄相差四岁，也相隔四年夺得武状元，轰动朝野。陈氏兄弟出身世家，父亲陈文，名"文"却是武将，更兼文武双修。家中设有"演武堂"，兄弟俩从小随父习文练武。绍兴八年（1138），陈鳌以右科（武科）进

北宋彩塑武士立像

士对策第一，获得武举第一人，被授予"东南第八将"。绍兴十二年（1142），陈鹗又摘得武举殿试廷对第一，被授予"东南第十将"。

武状元朱熠也是文武双全，最后位至宰辅，成为宋代武科状元中职位最高的官员，《宋史》有传。宋代武状元中仅有朱熠、华岳（安徽贵池人）二人在宋史中有正传。朱熠（1192—1269），字明远，号肃庵，平阳人。南宋理宗端平二年（1235）武举第一人。其父朱伯魁，尚武好文，为当地知名人士。朱熠自小臂力惊人，能挽二百斤大弓，又爱好读书，文武双全。他为官三十载，历经宋宁宗、理宗、度宗三朝，一度集军政大权于一身。

其他武状元还有蔡必胜（1139—1203），乾道二年（1166）武状元；黄裒然（1145—1217），淳熙十四年（1187）武状元；林管，绍熙四年（1193）武状元；朱嗣宗（1185—？），嘉定十年（1217）武状元；林梦新，绍定

五年（1232）武状元；项桂发，淳祐四年（1244）武状元；章梦飞（1217—1279），淳祐七年（1247）武状元；朱应举，开庆元年（1259）武状元；蔡起辛，景定三年（1262）武状元；林时中（约1231—？），咸淳七年（1271）武状元等。

除武举科考外，据《梦粱录》记载，都城临安常设置角力擂台比武，夺得冠军者，可得旗帐、彩缎、锦袄、马匹等奖品。宋理宗景定年间（1260—1264），温州人韩福夺得冠军，不仅获得奖品，还"补军佐之职"。可见南宋时期温州民间武术实力高强。

宋朝三百多年的历史中，始终面临外敌侵扰，特别是经历了靖康之耻，南宋朝廷丢失半壁江山，偏安一隅，磕磕绊绊地走过了一百多年的风雨。"世治尚文，世乱尚武"，很多年轻人怀抱着建功报国正当时的理想，投笔从戎。

15岁即入太学读书的平阳人黄友（1080—1126），慨然投笔，在边塞军营历练成长，后成为抗金名将。他因在宣威（今甘肃张掖市）战役中表现出色，免礼部会试，27岁那年登进士第。先后任永嘉、瑞安主簿和金华县令、檀州通判、河北制置使参谋官。在河北任职时，金兵已步步紧逼，黄友多次身先士卒，奋勇作战。靖康元年（1126）他率部驰援太原，战斗中力竭被俘，因严词拒降，被倒挂焚身，壮烈殉国，年仅47岁。消息传来，钦宗书"忠节传家"四字予以旌表。《宋史》列入《忠义传》。

在战场上建功立业的温州籍将士不乏其人。曾光（？—1169），平阳归仁乡三十八都东溪（今属泰顺）人。相貌魁梧，臂力过人，善骑射，通晓孙武兵法。隆兴元年（1163）考中武科进士，授骑都尉。那年废黜近二十年的主战派代表张浚重被起用，调兵八万北伐。曾光领兵与金兵鏖战，一举收复安徽灵璧、虹县。在攻克宿州（今安徽宿县）时，曾光斩敌数千，生擒八百。战后张浚将他列为第一功，升殿前太尉右通直郎。

宋代的历史，一直在"战"与"和"之间拉锯、谈判，此时智勇双全的外交官的斡旋也显得很重要，宋之才就为后人留下了这样一段佳话。宋之才（1090—1166），字庭佐，平阳宋桥人。徽宗政和八年（1118）进士。因身居尚书右丞高位的同乡许景衡推荐，任职秘书省正字。绍兴十四年（1144）奉旨出使金国。金主挑衅地问道："宋大国乎，小国乎？"宋之才不卑不亢地回答："非大国，亦非小国，乃中国也。"金主叹服。回国后，宋高宗赞曰："真我宋之才也。"

然而，形势日益严峻，政局日渐崩坏。多少人怀着"王师北定中原日"的期盼，含恨离世；又有多少人亲历了一个朝代的覆灭，无力回天。最终异族的铁蹄踏碎了和平的梦想，在血雨腥风中，一批批忠义之士以身殉国。

弃文从武的乐清人侯畐（1204—1258），字道子，号霜崖，文才出众，奈何关键时刻考运不佳，三次参加乡试、两次参加转运司的考试，都名列第一，却总是过不了礼部试。最后他弃文习武，于淳祐七年（1247）考中武进士，可见是文武全才。宝祐五年（1257），他调任海州（今连云港）通判兼河南府计议官。次年因叛将引兵突袭，侯畐率部抗击，寡不敌众，英勇牺牲，终年55岁。海州也陷于敌手，全家妻儿共七人同时遇难。皇帝下令在海州及家乡乐清立庙祭祀。善诗文的侯畐，遗著有《霜崖集》。

德祐二年（1276），南宋

明吴自新书 文天祥诗 刻石拓片

朝廷已风雨飘摇，元军攻陷临安，年幼的益王、广王在大臣们保护下一路南奔。临时出任宰相的文天祥（1236—1283）与元军谈判被扣押，他历尽艰辛，九死一生从元军营中逃脱，追随流亡朝廷的踪迹，一路追到温州江心屿。可此时，大队人马已离开温州前往福建。在当年宋高宗的御座下，文天祥与随行人员感时伤怀，抱头痛哭。他提笔在江心寺墙壁上写下《北归宿中川寺》：

> 万里风霜鬓已丝，
> 飘零回首壮心悲。
> 罗浮山下雪来未，
> 扬子江心月照谁。
> 只谓虎头非贵相，
> 不图羝乳有归期。
> 乘潮一到中川寺，
> 暗度中兴第二碑。

山河破碎之际，文天祥依然抱着中兴之念，招兵买马，召集旧部，支撑危局。乐清布衣志士鲍叔廉（？—1276）慨然挺身而出，文天祥命他率当地义勇，防守温台交界处。随着元军大举逼近，婺、处、台等州相继沦陷。鲍叔廉散家财，备兵器，利用当地山岭结寨七十处，山顶处竖旗："台州虽降，温州不愿为之氓！"后因叛徒出卖，遭到偷袭，鲍叔廉战败自刎。元军攻破山寨，全族夷灭殆尽。唯有 5 岁的曾侄孙被乳母抱匿山中，得以幸免。

危难之时见忠义。南宋覆亡之际，温州多慷慨悲歌之士，拼死抵抗，虽然最终无力挽回败局，但天地间记取了这般浩然正气。

花甲之年的刘黻（1217—1276）死于流亡途中。他是当年的太学生，"六君子"之一。景定三年（1262）中进士后，曾任监察御史、庆元知府、刑部侍郎、吏部尚书、兼工部尚书、中书舍人等职。正在家中为母守孝时，丞相陈宜中约请出山，年已六旬的他没有推却，率眷属随流亡朝廷南下。一路颠簸，突患疾病，竟逝于海上。其妻林氏随即举家蹈海以殉。《宋史》有传，赞他"分别邪正，侃侃敢言，亦难能者"。遗著有《蒙川遗稿》十卷。

和刘黻当年同为"六君子"之一的陈宜中，字与权，温州永嘉（今属龙湾）人。身为南宋最后一任丞相，他全面主持流亡政府的工作，在温州拥立益、广二王为都督天下兵马正、副元帅，后又撤往福建、广东，立益王赵昰即位，即宋端宗。他力挽狂澜，弟弟也战死阵前。一次次失败后，陈宜中决定去占城借兵，张世杰、陆秀夫则带领众人前往崖山。此后宋军在崖山海战，全军覆灭。知事不可为的陈宜中，再未能回到故国……

当崖山海战的消息传来后，在楠溪芙蓉崖已苦苦支撑了两年的陈虞之，仰天恸哭，策马跳崖。陈虞之（1225—1279），字云翁，号止所，永嘉人。咸淳元年（1265）登进士第，历任扬州府学教授、淮东帅干、两浙漕干、秘书省校勘兼国史院等职。他善书画，工墨竹，如果不是战乱年代，必是一位风雅名士。可生逢乱世，他从一介拿笔的文士成为上马杀敌的武将。德祐二年（1276）十一月，温州城被攻破，守将赵与檡、李世达、方洪等均慷慨死难。陈虞之率乡人千余退至楠溪芙蓉崖，据险坚守两年多，元兵始终没能攻下。他缴获的元代八思巴文"总把之印"（铜质），至今还保存在芙蓉村陈氏家族中。崖山海战，宋王朝彻底覆灭，陈虞之悲痛欲绝，加之唯一粮道被元军所截，他毅然用布蒙上战马双眼，策马跳崖殉国。子侄妻子乡亲八百余人亦随之跳崖，宁死不降。

还有一位生卒年不详的温州人徐榛，他本是打算去外地探望父亲，结果因战事被阻，恰遇文天祥招兵勤王，于是他决定跟随文天祥抗元。文天祥被元军抓捕后，徐榛本已脱险，却主动自投罗网，情愿一路照顾被押解的文天祥，患难与共。行至江西隆兴，他不幸病故。《宋史》将其列入《忠义传》。后人在江心屿建文信国公祠，祭祀文天祥，左右配享二人，一位是台州人杜浒，一位就是温州人徐榛，他们都是一路追随文天祥，至死不悔的忠义之士。

虎狼环伺的宋代，还出了一批研究军事的论著。众多学者文人虽未能亲上战场，但关心军事、研究军事是他们实现报国志向的另一种方式，特别是永嘉学派的学者以解决实际问题为学问的根本，军事自然是他们关注的议题。

薛季宣重视研讨兵学理论，分析南宋和金国之间的实力对比、军事边防等，写下了一批以谈兵论战为主要内容的文章，包含着丰富的军事思想。

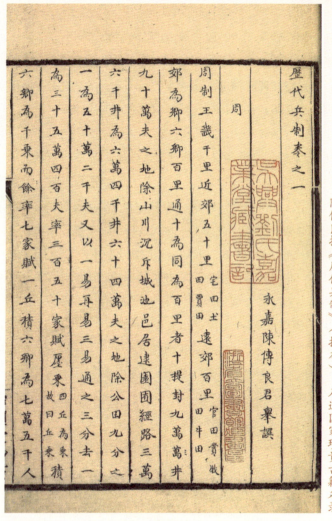

　　《孙子》是一些学者着重研究的对象。平阳归仁乡（今属苍南）人王自中著有《孙子新略》三卷。他曾因上书被取消太学生学籍，淳熙五年（1178）登进士第，其学术研究始终具有浓厚的事功倾向，颇为关注兵法、历代史实和制度沿革等。瑞安人陈直中著《孙子发微》，写于"虏酋盗中原者近六十载矣"，他有感于"士大夫怀安，顾耻言兵"而作此书。陈傅良为之作序，"兵事尚变"，同样强调应为济时救世而作，反对"以训诂求之"。

　　陈傅良本人也很关注军事制度的建设，为了通过古今兵制的比较，揭示当世流弊，提供改革借鉴，著有《历代兵制》八卷。历述周代及春秋、秦汉、唐代以来历代兵制得失，对宋代分析得尤为详尽。这是中国古代第一部兵制史专著，也是古代唯一的一部兵制通代史。《四库全书总目提要》说："傅良当南宋之时，目睹主弱兵骄之害，故著为是书，追言致弊之本，可谓切于时务者矣。"

大医精诚

子去近千载，留书为我师。

持向空宇读，不共俗工知。

大药疑蛇捣，良方岂鬼遗。

清天风露恶，何处不相资。

1924 年的《三三医报》上，刊载了章太炎这首题为《三因方》的五律。

被章太炎高度赞扬"留书为我师"的人，名叫陈无择，古代医书《三因方》的作者，南宋永嘉医派创始人。

"不为良相，便为良医"，这是中国古代读书人的理想。悬壶济世，大医精诚，陈无择就是这样的一代良医。

陈无择（1131—1189），名言，以字行，原籍处州青田，但长期居住温州。他医技精良，尤其精于方脉，而且医德高尚，著书立说，不吝将自己的经验心得与同行分享。他善于创新，不因循守旧，创制了养胃汤，"服者多应"（卢祖常《易简方纠谬》卷一《论养胃汤》），改制了"和气饮"，屡试屡验，遂为众多医家所采用（刘时觉《永嘉医派研究》，中医古籍出版社 2000 年）。

"轻财重人，笃志师古，穷理尽性，立论著方"，同时代的卢祖常称陈无择为"吾乡良医"。不仅向他求医问药的病人纷至沓来，而且拜入门下受业求教的弟子也很多，"乡之从先生游者七十余子"。淳熙元年（1174），44

岁的陈无择撰成《三因极一病证方论》，全书十八卷，简称为《三因方》。这是他多年博览医籍，搜集众长，深究《内经》《金匮要略》等名家医论，钻研病理源头，阐发自己"三因学说"的重要成果。他主张以因辨病，按因论治，并以病因为纲，脉、病、证、治为目建立了中医病因辨证论治方法体系。

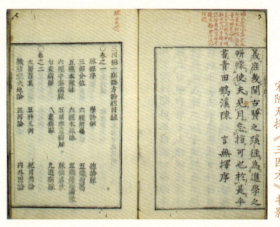

宋陈无择《三因方》书影

《四库全书总目提要》评价《三因方》："每类有方有论，世称文辞典雅，理致简赅，非他家俚鄙冗杂之比"。这体现了陈无择的初心，他一直认为，唐宋医学积累了丰富的实践经验，各种方药汗牛充栋，"动辄千百卷"，反而使得医生们无从选择。他汇辑 1000 余方，卷三以下均为诸病证治方药，其中有相当一部分方剂不见于宋以前的医学文献。

这本中医病因学的专著，不但是中医理论上的一大创新，也是中医方法论上的一大进步，标志着浙江最早的医学流派——永嘉医派形成，与河北河间、易水学派呈三足鼎立的态势，共同开创了宋金元时期医学学派争鸣、学术繁荣的局面。

作为永嘉医派的创始人，陈无择名列唐宋金元 22 位著名医学家之一，其著作被后人汇编成《陈无择医学全书》，列入《唐宋金元名医全书大成》，2005 年由中国中医药出版社出版。《三因方》流传至日本有多个版本，如日本宽文二年（1662）刊本、日本元禄六年（1693）越后刊本、日本文化十一年（1814）石田治兵卫刊本等。

永嘉医派的骨干力量多是陈无择的弟子，如王硕、孙志宁、施发、卢祖常、王暐等。他们围绕《三因方》，不断增修、校正、评述，也纷纷著书立说，开展学术研究和论争。

永嘉人王硕，字德肤，曾任承节郎、监临安府富阳县酒税务等官职。他比老师陈无择更追求简明，干脆整理了一本"简明药方词典"，名曰《易简方》，仅收录了三十种药方，追求"简"和"易"，在当时也颇受欢迎，传播到海外，后来国内反而失传。直到清光绪二十四年（1898），孙诒让据日本望三英复元代杨氏纯德堂本重刊，使《易简方》演绎了一段"失之于中土得之于东瀛"的佳话。孙诒让对此点评道："以其简明易检，故宋时盛行于世，屡经刊校，流播海外，更历元明，佚而复显。"

同为永嘉人的孙志宁是支持王硕《易简方》的中坚力量。他在温州行医，声誉颇著，淳祐元年（1241）著《增修易简方论》，又称《增品易简方》或《孙氏易简方》，对《易简方》正文详加注释说明，并遵《易简方》立论之意，写出了《伤寒简要》十条。文史学者刘时觉研究认为，当时"《增修易简方》与《伤寒简要》二书并行于世，为医学界所推重。"

永嘉（今温州城区）人施发则对《易简方》进行了订正。施发（1190—？），字政卿，号桂堂，早年兼攻举业，中年后专心习医。淳祐元年（1241）著《察病指南》三卷，创造性地绘制脉象图 33 幅，是国内外现存最早的脉图，《中国医学通史·古代卷》（人民卫生出版社 2000 年版）评价施发在 700 多年前就进行的重要探索，"其思想无疑是可贵的和相当先进的"。淳祐三年，施发鉴于王硕《易简方》"太简"，"于虚实冷热之证无所区别"，而且"其间有失点勘，未免大醇而小疵"。他觉得身为医生在这些人命关天的大事面前不能有半点疏漏，"特以人命所关，不容缄默"，于是撰《续易简方论》六卷予以订正。此外，他还著有《本草辨异》。

和陈无择亦师亦友的永嘉人卢檀，也对《易简方》进行了订正。卢檀，字祖常，号砥镜老人，著有《拟进南阳活人参同余议》《拟进太平惠民和剂类例》（二书已佚）和《易简方纠谬》等书。五卷本的《易简方纠谬》，漂洋过海传到日本后，改为《续易简方论》，和施发著同名。二者合刻的版本，卢檀所著加"后集"二字以区别，即《续易简方论后集》。

永嘉人王暐，字养中，著有《续易简方脉论》，有"淳祐甲辰（1244）赵希逅"

跋，是"《易简方》系列著作中仅存抄本未曾刊行的一种"。开头语强调："望、闻、问、切四诊具有终始精微之道。"治疗方法共 5 篇，"形成完整的理法方药内容和以诊法、治法为主的理论体系"，是"对《易简方》不足之处的彻底纠正"。

瑞安人张声道为官之余，始终对医学颇感兴趣。张声道字声之，淳熙十一年（1184）进士，历官知永州（军）州事、湖南提刑等职。著有《产科大通论方》和《经验方》，俱佚。宋慈《洗冤集录》卷五提及"将葱白傅伤损处，活人甚多"，即"出张声道《经验方》"。

乐清人陈德璠因"精于医道"，留下了一个颇有些传奇的故事。"庆元六年（1200）夏五月，光宗皇后有疾，太医院束手无策，诏求天下良医"。陈德璠应诏抵京，入宫治病。经诊后疾，"脾脉极虚，见是泄泻二疾作楚"。于是处方："用蜜半斤，姜三两，木香二两，调和得所以进。"并预告："服后七日觉，必思粥。""服之不久乃醒，果然思粥，自是调理渐瘳。"陈德璠因此被光宗任命为太医院大丞。陈纬编《乐清历代碑志选》（中国民族摄影艺术出版社 2004 年版）中收录有《太医院大丞德璠陈公墓志铭》（佚名）。

永嘉人屠鹏，字时举，著有《四时治要方》一卷，针对疟痢、吐泻、伤寒等时疾的治疗，戴溪为写跋文。

戴溪之孙戴煟，号复庵，永嘉人，曾任临安府知录等小官。咸淳间（1265—1274），"谢后得异疾，舌出口数寸不能收，御诊莫能治，招名医，无敢应者"。戴煟应召后，敷以"消风散"，谢皇后很快痊愈了。皇后很高兴，后来还把侄女嫁给戴煟。

以上人物和著述都是永嘉医派的典型代表，在方剂学方面用力较勤。此外，南宋温州在针灸学方面也有显著成就。王执中，字叔权，瑞安人，乾道五年（1169）进士，曾任湖州、澧州、峡州州学教授。著有《针灸资生经》七卷，总结临床实践，订正典籍错误，所定同身寸法，八百多年来一直作为取穴标准，被医家赞为"上古圣贤活人之指南"，元蒲登辰在《重刻针灸资生经序》中记录了自己依据此书，"按图取穴，一灸即愈"的行医经历，称"是书之有益于世多矣"。《四库全书总目》评价其"经纬相资，各有条理，颇为明白易晓"。

诗词雅韵

"我生湖海间，筑居必清幽。城南五亩宅，山高水亦流。家园千木奴，不贵万户侯。"这是周行己《题永宁传舍》中的诗句，充分表达了他追求清幽雅致、亲近自然的人生态度。

诗言志，吟诗赋词是文人学者抒发性灵的方式。虽然在周行己看来"读书要知道，文章实小技"，但这并不妨碍他留下 160 多首诗，依稀透露出他短短五十余年间生命历程中的行迹心声。

他交游广泛，思念秦少游之弟秦少章"嘉友不在眼，相思剧方寸"，倾慕黄庭坚"我公江南独继步，名誉籍甚传清都"；他师友情深，追怀业师吕大临"芸阁校雠非苟禄，每回高论助经纶"，赞赏"元丰九先生"之一沈躬行"晚得沈夫子，学问有根柢"；他读书习字，颇有心得，"学书如学禅，心悟笔自到"；他生活困窘，常有居无定所、食不果腹的艰难时日，"鸟鼠有巢穴，我居无定室""促促复促促，居家食不足"，失意、寂寥的情绪溢出在字里行间，"吾生更飘荡，四海无所著""事业惭知己，衣冠愧此身"。

南宋诗人韩淲在《涧泉日记》中评价周行己："文字温淡，但时有庄、老，与程氏之说相背，诗亦好。"《四库全书总目·浮沚集提要》评说："行己之学虽出程氏，而与曾巩、黄庭坚、晁说之、秦觏、李之仪、左誉诸人，皆相倡和。集中《寄鲁直学士》一诗称：'当今文伯眉阳苏，新词的皪垂明珠。'于苏轼亦极倾倒，绝不立洛蜀门户之见，故耳濡目染，诗文亦皆娴雅有法，尤讲学家所难能矣。"

宋代温州诗坛呈现出欣欣向荣的景象。辑录温州自宋至清代乾隆年间的诗歌总集《东瓯诗存》，全书四十六卷，前十卷均为宋诗，收录了林石、周行己、刘安上、林季仲、王十朋、薛季宣、许及之、叶适、永嘉四灵等 245 家诗作 1698 首。

《四库全书总目》评价刘安上的诗："格意在中晚唐间，颇见风致，文笔亦修洁自好，无粗犷拉杂之习"；评价许景衡所撰《横塘集》："其文章坦白光明，粹然一出于正。""至其诗篇，乃吐言清拔，不露伉厉之气。"

平阳人黄友一家，母子夫妇均善诗文，演绎一段佳话。黄友 7 岁赋《咏风》，为《东瓯诗存》收录，所作《哀高都护战没》七首，记录高都护战死沙场的事迹，深深打动了徽宗，为高都护赠谥。黄友 15 岁时在京城两次参加太学补试而失利，其母郑氏作诗殷殷叮嘱：

知汝负天材，误失不为错。
远远报汝知，旅怀保安乐。
经史多贯串，德业加磨琢。
交友用慎择，出处常执卓。
京国繁华地，人心险丘壑。
切切遵予言，勿为外物铄。
文行天所佑，仙籍在掌握。
衣锦归故乡，双亲乃欢跃。

妻陈氏也擅诗词，填词《贺新郎》勉励夫君履新：

扬鞭此去关山阻。出都门、匆匆告别，友朋亲故。绿水桥边垂杨舞，此是分携去处，临去也、殷勤嘱咐。王事维艰身莫惜，便拓开、秦凤熙河路。归奏凯，报明主。（下阕）

南宋温州诗人辈出，形成了以"永嘉四灵"为代表的永嘉诗派，在全国诗坛也深具影响。"四灵"是徐照（字道晖，一字灵晖，号山民，永嘉人）、徐玑（字文渊，一字致中，号灵渊，永嘉人）、翁卷（字续古，一字灵舒，乐清人）、赵师秀（字紫芝，号灵秀，又号天乐，永嘉人），因字号中皆有一"灵"字而得名。他们反对黄庭坚以来江西诗派运用古典成语、"资书以为诗"的诗风，也不满理学家枯索冬烘、以词章为末技的"语录体"的诗风，独树旗帜，崇尚白描，以晚唐贾岛、姚合为宗，推敲苦吟。叶适称："四人之语遂极其工，而唐诗由此复行矣。"

四灵擅长近体，尤工五律，描写江南田园山水风光，清新野逸，颇有脍炙人口的佳句。七绝也气韵浑成，赵师秀《有约》：

黄梅时节家家雨，

青草池塘处处蛙。

有约不来过夜半，

闲敲棋子落灯花。

翁卷《村景即事》：

绿遍山原白满川，

子规声里雨如烟。

乡村四月闲人少，

才了蚕桑又插田。

两首都被选入《千家诗》，世代传诵。

在四灵诗风的影响下，温州出现了许多追随者。王绰说："永嘉之作唐诗者首四灵，继四灵之后则有刘咏道（刘泳）、戴文子（戴栩）、张直翁（张埴）、潘幼明（潘亥）、赵几道（赵汝回）、刘成道（刘植）、卢次夔（卢祖皋）、赵叔鲁（赵汝迕），赵端行（赵希迈）、陈叔方（陈昉）者作，而鼓舞倡率，从容指论，则又有瓜庐隐君薛景石者焉。"（王绰《薛瓜庐墓志铭》，见《瓜庐集》附录）

为《千家诗》所收的南宋温州诗人除了赵师秀和翁卷外，还有瑞安人曹豳（1170—1250）和平阳人林升。

曹豳所作《暮春》明白如话，却又清新如画：

门外无人问落花，

绿阴冉冉遍天涯。

林莺啼到无声处，

春草池塘独听蛙。

林升《题临安邸》一诗则因被选入小学课本而脍炙人口：

山外青山楼外楼，

西湖歌舞几时休。

暖风熏得游人醉，

直把杭州作汴州。

《千家诗》作为古代儿童启蒙教育的一本诗集，与《三字经》《百家姓》《千字文》合称"三百千千"，流传广泛。《千家诗》最早的版本是南宋诗人刘克庄选编，后经多次增删修订。刘克庄与曹豳、翁卷、赵师秀等温州诗人常有和诗酬答，曾写《赠翁卷》诗："非止擅唐风，尤于选体工。有时千载事，只在一联中"，还写过《悼师秀》诗："夺到斯人处，词林亦可悲。世间空有字，天下便无诗"，也称赞曹豳的诗歌成就："古风调畅流丽，得元白之意；律诗精切帖妥，拍姚贾之肩"，可见对温州诗人的认同和欣赏。

南宋温籍诗人中存诗最多的大概要算王十朋，遗有诗作三十卷2172首，此外许及之也有诗作十八卷1100余首存世。《四库全书》称许诗"气体高亮，琅琅盈耳"。许及之，字深甫，温州城区人，隆兴元年（1163）进士，曾两度出任知枢密院事，并于嘉泰二年（1202）拜参知政事。有著作《涉斋集》录入《四库全书》。晚年许及之奉祠归家，组织永嘉诗社，成员大多为温州人。他平常还与著名诗人杨万里、张孝祥、张栻、辛弃疾等诗词唱和。孙衣言在《涉斋集跋》中评价："其所作七言古诗，用意妙远，几非后人所能骤然领略；其他古诗亦皆排奡峭厉，在南宋诗人中当为健者，超越江湖一派。"

温州词人中最具代表性的莫过于卢祖皋了，他被誉为八百年来温州词宗，《全宋词》录其词作96阕，是南宋温州词人中录入最多者。卢祖皋（约

1174—1224），字申之，号蒲江，永嘉蒲州（今属龙湾）人。父母早亡，跟随舅父楼钥，学有渊源，不仅文采风流，且工书善画，雅好弹琴。庆元五年（1199）进士，历任秘书省正字、校书郎、著作郎，累官至权直学士院。著有《蒲江词》一卷，现存《永嘉诗人祠堂丛刻》本。其《水龙吟·淮西重午》最为著名：

会昌湖上扁舟，几年不醉西山路。流光又是，宫衣初试，安榴半吐。千里江山，满川烟草，薰风淮楚。念《离骚》恨远，独醒人去，阑干外，谁怀古？（上阕）

国难深深，忧虑重重，念古思今，犹如当年屈原悲楚时节，词意沉郁深远。《浙江通志》评价卢祖皋："工乐府，词意清远，江浙间多歌之。"卢祖皋还曾著有《蒲江诗》，与叶适、许及之、楼钥、赵师秀、翁卷等人多有唱和，可惜诗作大多遗失，今存诗 13 首，见张如元校补本《东瓯诗存》上册。

宋末元初，朝代更迭，温州的诗人们不仅用诗词抒写国破家亡、生灵涂炭的深重灾难，更有激于民族大义，起而行动的千古义士，平阳诗人林景熙是其中杰出的代表。林景熙（1242—1310），字德阳（又作德旸），号霁山，晚年定居平阳县城白石巷，称"白石故庐"，别墅在昆阳城西马鞍山麓，称"赵奥别业"。

林景熙曾以太学上舍释褐的身份，直接登进士第，可见敏而好学，成绩优异。后历任泉州教授、礼部架阁等官职。但面对朝廷政治腐败、军事无能的局面，林景熙愤而还乡，从此精研学术，教授生徒，并在江浙一带漫游，师友间彼此唱和。

南宋祥兴二年（1279），临安陷落三年后，流亡朝廷与元军在崖山生死决战，南宋灭亡，十万军民共赴国难。消息传来，林景熙悲愤难抑，想起陆游的诗句"王师北定中原日，家祭无忘告乃翁"，更是百感交集，写下一首《书陆放翁诗卷后》，隔着近 70 年的时光遥对这位诗坛前辈：

天宝诗人诗有史，杜鹃再拜泪如水。

龟堂一老旗鼓雄，劲气往往摩其垒。

轻裘骏马成都花，冰瓯雪碗建溪茶。

承平麾节半海宇，归来镜曲盟鸥沙。

诗墨淋漓不负酒，但恨未饮月氏首。

床头孤剑空有声，坐看中原落人手。

青山一发愁蒙蒙，干戈况满天南东。

来孙却见九州同，家祭如何告乃翁。

前面的诗句都在描述陆游一生的抱负和遗恨，末两句则发出锥心之问：玄孙的儿子固然看到了"九州同"，但这是异族铁蹄之下的"九州同"啊！如何将现状告知满怀期盼的先祖？——最后两句的沉痛和绝望，都化作了历史山谷中那声长长的叹息，盘桓不去！

六年后，元世祖二十二年（1285），总统江南释教的杨琏真伽为了盗取南宋皇陵中的金银财宝，率凶徒挖掘会稽（今绍兴）宋故六陵，包括高宗、孝宗、光宗、宁宗、理宗、度宗六代帝王与后妃的陵墓，"弃骨草莽间"。并扬言要在七日后运回杭州，在钱塘江畔筑造"镇南塔"，将六代帝后之骸骨埋于塔底。

当时，正在绍兴诗友王英孙家作客的林景熙与郑朴翁，闻讯悲愤交加。他们都是南宋的遗民，岂能坐视？郑朴翁（1240—1302），字宗仁，号"初心"，与林景熙既是同乡，也同为上舍释褐生，曾任福州教授、国子监学正等，宋亡后与林景熙一样隐居归里。当时诗友中还有一位名叫唐珏的会稽志士。

他们化装成乞丐和采药老人，肩背竹篓，手持竹夹、勾锄，连夜冒险潜入宝山皇陵区，将装入竹篓中的枯骨换出六帝后遗骸，背到兰亭山天童寺北坡深处，装成六函，裹以黄绫，托言佛经，按顺序依次埋葬于兰亭山中。唯恐年深日久无人知晓，他们又去临安故宫常朝殿前挖掘冬青树六株，分植墓前以作标识。林景熙作《冬青花》《梦中作》等诗，记述了此事。"移来此种非人间，曾识万年觞底月。蜀魂飞绕百鸟臣，夜半一声山竹裂""亲拾寒琼出幽草，四山风雨鬼神惊""一抔自筑珠丘土，双匣犹传竺国经。独有春风知此意，年年杜宇泣冬青"等诗句，记录了埋骨的过程，抒发了心中的悲愤，又隐约告知人们六帝后葬身之处。所以《霁山先生集》录入《四库全书》时，提要称："霁山先生采药拾骸，忠义气概，耀震百世。"

众人义收宋故六陵事件，史上称为"冬青之役"。元朝覆灭后四年，即明洪武五年（1372），朝廷迎接宋六帝回宝山敕葬时，特地在皇陵旁建造"双义祠"，塑林景熙、唐珏身像于祠中供人拜谒。祠里有翰林院待诏、江南才子文徵明书《双义祠记》，称林景熙、唐珏乃"千古大义士"。祠前有联语："一树冬青怀义士；千秋香火近思陵""未许髡胡惊帝魂；几经杜宇守天章"。明清两代剧作家根据此事编写了四部剧本，明代卜世臣编撰的《冬青记》，在苏州虎丘千人石上公演时，"观者上万，无不泣下者也"。

1987年平阳、苍南两县重修腾蛟林景熙墓，平阳县政府将其列为县级文物保护单位。还建成"仰霁亭"和"林景熙爱国诗词碑林"，刘海粟、沙孟海、苏渊雷、林剑丹等20位著名书法家留下墨宝，对这位气节凛然的诗人表达敬仰之情。

书画琴香

宋代的生活美学一直为后人所推崇，焚香、点茶、挂画、插花，成为日常生活中的四大雅事，尤以挂画最具代表性，达到了中国古代审美的高峰。

文人雅集宴客时，悬书挂画，供文友鉴赏品评，谓之"挂画"。随着社会的发展，挂画不只是文人雅士的专利，茶肆、酒家、饭铺都有挂画的风尚，吴自牧《梦粱录》载："汴京熟食借张挂名画，所以勾引观者，流连食客。今杭城茶肆亦如之，插四时花，挂名人画，装点店面。"熟食店挂名人画即能吸引食客，可见当时人们的审美水平普遍不低。

挂画的流行与朝廷推崇绘画密切相关。早在建朝之初就设立翰林图画院，名家济济。皇帝宋徽宗本人就是一位艺术家，一生挚爱书画。北宋堪称我国书画、雕塑艺术的黄金时代。

温州人在书画领域也有不俗表现。很多学人、高僧、道士精通诗文，亦擅丹青。如释怀贤（1016—1082），字潜道，俗姓何，永嘉人，赐号圆通大师。秦观《淮海集》中有《圆通禅师行状》，称他"多才艺，工于诗，字画有法。当日贤士大夫闻其风，皆倾意愿与之游"。著名道士、永嘉人林灵素，宋徽宗赐号通真达灵先生，宋夏文彦在《图绘宝鉴》中载其"善作墨竹，湖州玄妙观有石刻一枝尚存"。

倪涛应该是北宋温州人中绘画才华最为世人称道者。倪涛（1087—

1123），字巨济，祖籍永嘉，少年聪慧，博学多才，15 岁就在太学考试中名
列第一，大观三年（1109）登进士第。曾任左司员外郎，因反对联金灭辽遭贬
谪。他擅长诗文，《宋诗纪事》《宋诗别裁集》收其诗，"十年天涯秋，摇落
几芳菲。马蹄岁月去，梦蝶东南飞"（《次韵毛达可给事秋怀念归》）抒写了
他怅然怀乡的思绪。更以画名，尤善草虫。《宋史》有传，《画继》《图绘宝
鉴》均载其生平画艺。邓椿《画继》中记载"一日访其友，戏画三蝇壁间"，
并赋《偶访吉甫，画三蝇壁间，吉甫有诗次韵》。

南宋温州绘画名家还有乐清人陈庚生，号西老，善画，有徐玑诗《题陈
西老画〈蜀山图〉》为证；善画竹的毛信卿，号篑山，《瓯海轶闻》引《画
谱姓类》记载，称"杭人得其片幅，转售于市，辄争取之"；善画松的马宋英，温州城区人，能书工诗，其题古松诗云："磨残一锭两锭墨，扫出千年万年树。月明乌鹊误飞来，踏枝不着空归去"（《瓯海轶闻》引《图绘宝鉴》卷），写出了笔墨的高超境界。嘉泰年间（1201—1204）曾任画院待诏的平阳人陈居中，是南宋著名画家，擅长人物、蕃马、走兽等，作品多描绘西北少数民族生活情态，有《文姬归汉图》《四羊图》等传世作品。值得一提的还有"中国画龙第一人"陈容，南宋宝祐年间（1253—

王振鹏像

1258）声名大噪。他虽不是温州人，但曾任平阳知县。其作品《六龙图》在2017年3月纽约佳士拍卖所举办的中国艺术专场拍卖会上，以4350万美元成交，约合人民币3亿元。

前文已屡屡提到的宋末元初的王振鹏，字朋梅，瑞安人。元仁宗赐号为"孤云处士"，官至漕运千户。传世作品有《伯牙鼓琴图》《江山胜览图》《阿房宫图》《金明池图》等，多数藏于海外博物馆、美术馆。其中《江山胜览图》为纪实性风情画巨作，长达9.5米，纵48.7厘米，长度几乎是北宋张择端《清明上河图》（长5.28米）的两倍。全卷共绘有1607个人物，108头牲畜、87只禽鸟，494幢房屋建筑和若干座塔、桥及68条舟船、14辆车轿等，从天台山一路画到瓯江、温州城、飞云江、瑞安城直到东海，描绘了瓯江江面帆船云集、岸上市集繁荣、民众熙来攘往的生动景象，从中可一窥宋元时期温州港口、码头、航运、民俗、市井等的历史风貌。王振鹏的作品如今在拍卖市场上特别热门，2013年3月《江山胜览图》以超过1亿元的价格成交；2021年12月北京保利秋拍夜场，《锦标图》以7590万元成交，成为王振鹏个人第二高价纪录。

琴棋书画中，"琴"列首位，可见抚琴是众多文人名士的雅好。古琴，

元王振鹏《龙池竞渡图》

被视为"八音之首"，早在春秋时期的《诗经》里就有"琴瑟在侧，莫不静好"之句，辑录温州诗人作品的《东瓯诗存》中也有不少诗句透露了温州人的琴趣。乐清人曹逢时在《乐琴书斋》诗中抒发"焦桐配韦编，个中有真味"的心声；同为乐清人的陈庚生在《超然馆弹琴夜话》诗中描写"玉琴弹罢一灯青，仙鼠飞飞到客庭"的情景；瑞安人陈供在《杏所吟》诗中吟唱"弹琴送落景，红润清寒徽"的感触；亦为瑞安人的陈昌时在《玉翁惠琴》诗中表达"我爱弦中趣，喜师遗我琴"的愉悦。

南宋温州最著名的琴家非郭沔莫属。郭沔（约1190—1260），字楚望，永嘉（今温州城区）人。"以善琴名淳（祐）景（定）间"，元俞德邻《佩韦斋辑闻》载，相传温州郡守赵与欢招郭沔饮雁池阁，"鼓一再行，有物似鱼非鱼，跳跃于池中数四""他日复鼓前操，复跳跃如故。明日涸池水索之，得无射律琯，盖沉埋岁久，适鼓亦无射调，声应气求，故如此。"

郭沔一辈子没做过官，曾在参知政事张岩门下做清客，有机会整理北宋名臣韩琦后裔韩侂胄家所藏古琴谱，并与民间琴谱合编成《琴操谱》十五卷，后世称"浙谱"。郭沔成为浙派古琴创始人。其传世名作《潇湘水云》，见于明朱权《神奇秘谱》，共分十段，利用古琴演奏中"吟、猱、绰、注"技法，体现了古琴艺术"清、微、淡、远"的含蓄之美，抒发对故国的眷恋之情，为"中国十大古琴曲"之一。此外还作过《泛沧浪》《步月》《秋鸿》等琴曲。其弟子有刘志芳，刘志芳弟子有毛敏仲、徐天民，毛、徐等编著《紫霞洞琴谱》，传郭沔琴学。

古人很重视仪式感，相信清越香气可臻天人合一的妙境，因此抚琴时，往往燃香，引导弹琴者、听琴者都进入清静优雅的氛围，谓之"焚香弹琴"。宋徽宗赵佶所作《听琴图》就描绘了这样一幅场景：高大繁茂的松树下，抚琴人着道袍，轻拢慢捻，右手边的方几上立着一个香炉，烟雾袅袅。下首二人侧耳恭听。那香炉造型素雅别致，上覆镂花炉盖，中部为深腹侈口高足杯形炉身连接柱形炉圈，底座为四足玄纹高背。

宋时香料品种已很丰富，焚烧时产生的烟雾不仅有令人愉悦的香味，而且有安静心神、怡情养性的作用，广泛应用于焚香、医疗和佛事。香文化因其修身养性和养生的双重作用，受到宋代文人的喜爱和追捧，焚香被列为宋代四大雅事之一。

大量香料是从海外输入的，因此"海上丝绸之路"也有"海上香料之路"的称谓。通过温州港进口的乳香等香料，极大地满足了温州文人的雅好。他们弹琴时焚香，读书时焚香，愁思时焚香，愉悦时也焚香；他们或体验独处焚香的意境，或共享聚会燎香的雅趣，留下了大量关于焚香的诗词。"扫地焚香坐，聊以待君至"（《待李纯如邓子同》），周行己在袅袅香氛中抒发对知己好友的思念之情；"谁知斗帐回残梦，却有炉香作早春"（《焚香蓝帐中酷似梅花》），许景衡在缭绕的烟雾中恰似看到了家乡早春的梅花；"文书随意阅，兰菊与心清。洗砚须池暖，燃香得火轻"（《亥月》），徐玑淡淡几笔写出日常家居生活的平静与诗意；"炉香碗茗晴窗下，数轴楞伽屡展舒"（《寓南昌僧舍》），翁卷在晴窗下展读佛经时，又怎能少得了茶韵香氛的陪伴？而赵师秀更是得到了好友葛天民（山阴诗人）这样的评价："所好煎茶外，烧香过一生。"

师友同道

永嘉学派代表人物群像（瓯塑）

　　永嘉学派是以思想理念较为一致的温州籍学者共同组成的一个学术流派，他们彼此间亦师亦友，形成了比较紧密的朋友圈。而与其他学术流派之间，他们既有见解不同的辩论，也有惺惺相惜的欣赏。

　　永嘉学派创立者薛季宣的朋友圈中，讲友有郑伯熊、郑伯英、刘夙、刘朔，学侣有叶适、陈亮，同调有张淳，家学有薛叔似，门人有陈傅良、徐元德、王楠、沈有开。他和张栻、朱熹虽未曾谋面，但也有多次书信往来。

　　张栻（1133—1180），字敬夫，又作钦夫，号南轩，四川绵竹人。家学渊源，其父张浚（1097—1164）为抗金名将，同时也是南宋初期著名的宰相。张栻传承湖湘学派，为当时学界领军人物。薛季宣曾写信表达仰慕之情，张栻则在给吕祖谦的信中谈及薛季宣，"恨未及识"。两人也曾动念相会，薛季宣"去夏遂谋入都，以欲一见"，张栻"尚念取道义兴，倘可一见，而又差池，徒往来于怀而已"。然而第二年九月，薛季宣改知常州还未到任，就在家中去世了。

　　朱熹（1130—1200），字元晦，号晦庵，祖籍徽州婺源，出生于福建尤溪。

宋明理学的代表人物。他不曾与薛季宣会面，但薛季宣去世后，他作吊文托吕祖谦转交给薛家，并说："可骇可叹，且恨竟不识斯人也。"

显而易见，吕祖谦是他们之间的桥梁。吕祖谦（1137—1181），字伯恭，婺州人。出身于中原名门望族"东莱吕氏"，家学渊源，浙东学派的开创者，人称"小东莱先生"。与朱熹、张栻齐名，并称"东南三贤"。因同在浙江，吕、薛二人交往较多。吕祖谦曾写信给朱熹，称赞薛季宣"于世务二三条，如田赋、兵制、地形、水利，曾甚下工夫，眼前殊少见其比"，认为"其所学确实有用"。吕祖谦在武义明招山庐墓守孝时，薛季宣专程拜访，两人研讨学术，交流问学达半月之久。薛季宣的突然去世令他非常伤心："薛士龙七月后以疾不起，极可伤。其为人坦平坚决，其所学确实有用，春来相聚，比旧甚虚心，方欲广咨博访，不谓其止此。"他还写了一篇长达六千字的墓志铭（《薛常州墓志铭》），以表彰薛的"事功""业绩"。

薛季宣的继承者陈傅良，在太学读书时，就与同龄的吕祖谦、年长四岁的张栻交好，常相与论学。陈傅良受到吕祖谦典章制度之学的影响，也受到张栻性理之学的影响，因此全祖望补编《宋元学案》之后，在《赵张诸儒学案》《南轩学案》《岳麓诸儒学案》与《东莱学案》当中，分别将陈傅良列为张栻学侣、吕祖谦学侣。

张栻主教于湖南岳麓书院与城南书院，将湖湘之学发扬光大。张栻去世后，在湖南任职的陈傅良也讲学于岳麓书院，撰有《潭州重修岳麓书院记》等诗文，重振湖南学风。张栻的弟子大多曾问学于陈傅良，受到永嘉事功之学的影响。朱熹甚至说："君举到湘中一收，收尽南轩（张栻）门人。"（宋黎靖德编《朱子语类》卷一二三《陈君举》，中华书局1994年版）

陈傅良的学侣有陈武、陈谦、黄度、郑鉴，同调有戴溪，家学有陈说，门人有蔡幼学、曹叔远、吕声之、吕冲之、陈端己、林颐叔、林渊叔、沈昌、洪霖、朱黼、胡时、高松、倪千里、徐筠、黄章、袁申儒、林子燕、吴汉英、吴琚、沈体仁、胡大时（季随）、沈有开、赵希錧。

叶适与薛季宣、陈傅良皆亦师亦友，所著《习学记言序目》评论儒家群籍，善于怀疑，充满卓见，而且体系完整，因而被视为永嘉之学的集大成者。全祖望在《水心学案》开头说："乾（道）淳（熙）诸老既殁，学术之会总为朱、陆二派，而水心断断其间，遂称鼎足。"

叶适学侣有陈亮、刘愚、项安世、陈景思、王绰，门人有陈耆卿、王象祖、王汶、丁希亮、方来、周南、孙之宏、林居安、赵汝铎、滕宬、孟猷、孟导、邵持正、陈昂、赵汝谠、夏庭简、王大受、邓传之、宋驹、王度、厉仲方、戴栩、孔元忠、袁聘儒、赵汝谈、叶绍翁、毛当时、张垓、陈韡、戴许、蔡仍、吴子良等。

陈亮（1143—1194）被列为叶适的学侣。陈亮，字同甫，一作同父，婺州永康人，学者称龙川先生。《宋史·陈亮传》中说他："生而目光有芒，为人才气超迈，喜谈兵，议论风生，下笔数千言立就。"绍熙四年（1193），陈亮51岁时再次参加科举考试，高中状元，可惜次年便去世。陈亮主张事功之学，是南宋永康学派的代表人物。后世学者评价他是南宋浙东学派乃至整个南宋思想界、学术界、政论界的重要人物。陈亮也是南宋豪放派词人的代表之一。

陈亮与温州学人关系极为深厚，他曾自称"四海相知惟伯恭一人，其次莫如君举，自余惟天民、道甫、正则耳。"陈亮五位人生挚友中有三位是温州人，分别是排在第二、四、五位的陈傅良、王自中、叶适。

早在乾道六年（1170），陈亮与陈傅良一同参加太学秋试，两人年岁相仿，学术旨趣相近，一生交游甚密，陈亮称陈傅良为"族兄"，结下深厚的友谊。据周梦江先生考证，自淳熙三年（1176）春至八年夏，陈亮约有四次温州之行，"均与陈傅良相值，促膝论学，互有发明"。陈亮的《龙川集》中，有大量写给永嘉学者的信、词、祭文等。淳熙七年（1180）夏秋之间，陈亮拜访过永嘉好友，在江心屿举办的饯别宴上，写下著名的《南乡子·送永嘉诸友相饯》，赞叹温州人才济济：

人物满东瓯，别我江心识俊游。北尽平芜南似画，中流，谁系龙骧万斛舟？去去几时休？犹自潮来更上头。醉墨淋漓人感旧，离愁，一夜西风似夏否？

陈亮与薛季宣曾通信论学，薛季宣去世后，陈亮作祭文。郑伯熊、郑伯英兄弟与陈亮的关系介乎师友之间，两人去世后陈亮都作过祭文。陈亮在为郑伯熊所作祭文中称其为"吾郑先生"，可见关系亲密。陈亮在写给郑伯英的祭文中则称赞，"兄之文章，有源有委；兄之议论，有纲有纪。兄之行事，有张有弛；兄之与人，有同有异"。

淳熙十二年（1185）春，陈亮筑成"抱膝斋"，陈傅良与叶适均应约为作诗。淳熙十四年（1187）九月陈亮四十五岁生辰，陈傅良有诗为其祝寿。绍熙元年（1189），叶适出任湖北安抚司参议官，经过永康时，陈亮有《祝英台近》一词相送。绍熙四年（1193）春，陈亮状元及第后，在临安（杭州）与叶适欢聚多日。陈亮对叶适的学问很推崇，临终前嘱叶适为其撰墓志铭。叶适还为他遗著《龙川集》作序，并为其子请得一官。

王自中性格、经历均与陈亮相类似，《宋元学案》也列其为陈亮"同调"。王自中少负奇气，处世多与流俗不合，《宋史》中说他"自立崖岸，由是忤世"。王自中与当时名人多有往来，杨万里称赞他"文词俊发，才气高秀"，辛弃疾曾写下多阕词与他唱和。陈亮与王自中交情甚笃，叶适曾于嘉定十四年（1221）为两人合撰墓志铭，称"春秋战国之材无是也。吾得二人焉：永康陈亮、平阳王自中"。

对永嘉学派颇有微词的朱熹，却有18名温州籍弟子。庆元六年（1200），朱熹病逝前一日，最后一次对前来"问疾""请教"的九位门生开示："诸生远来，然道理只是恁地，但大家倡率做些坚苦工夫，须牢固着脚力，方有进步处。"这九位门生之中，有叶味道、陈埴、徐寓等三位温州弟子。而陈埴和叶味道还在继承朱子学说的基础上开创了"木钟学派"。

陈埴（1176—1232），字器之，号木钟，嘉定七年（1214）举进士。始学于叶适，终师于朱熹。历任丰城主簿、湖口县丞等职，以通直郎致仕。有《木钟集》十一卷存世。陈埴的父亲陈烨，字民表，是叶适迁居水心村时的邻居。陈烨与叶适相伴读书并结为好友。叶适认为陈烨为人、为文都不同于寻常读书人，并不太热衷于功名利禄。陈烨羡慕叶适学问人品，让儿子陈埴拜叶适为师。陈埴后转益多师，投朱熹门下潜心学习程朱理学。他敢于质疑，不盲目崇拜，常将自己学习中的疑惑以当面咨询或书信请教的方式向朱熹求解。《朱子语录》里记载了不少陈埴与朱熹的这种问答式的教学交流，后人编纂的朱熹文集中也收有朱熹答陈埴疑问的书信。清代学者朱彝尊《经义考》中载，陈埴是朱熹传《易》授《诗》的弟子。

陈埴历经宋孝宗、光宗、宁宗和理宗四朝，这一时期南宋发生了禁道学、庆元党禁、开禧北伐等事件，对他学术的形成也有一定影响。绍定年间（1228—1233），陈埴在明道书院讲学，从学者数百人，声名远播，人称潜室先生。陈埴后来还在温州的南湖塾讲过学。

陈埴既受永嘉学派影响，又承传了朱熹的学术思想，他在当时的浙东地区聚徒讲学，影响一直持续到元明清。清代大儒孙衣言撰《瓯海轶闻》在"永嘉学术"目下，有"朱子之传"，其中陈埴名列温州地区传播朱子之学第一名。

叶味道（1167—1237），初讳贺孙，以字行，更字知道。嘉定十三年（1220）进士，调鄂州教授。嘉熙元年（1237），卒于任上，享年71岁，皇帝赠谥号"文修"。著有《易会通》《大学讲义》《四书说》《祭法》《寺庙朝崇郊社外传》《经道口奏》《故事讲义》等。

南宋淳熙十年（1183），叶味道跟随朱熹学习时，他说自己少年失去双亲，基本失教，壮年拜陈傅良为师，很喜欢读朱熹编的《论孟精义》。可见，叶味道与陈埴一样，最初接受的是永嘉学派的思想教育，后转拜朱熹为师，为晚年病重的朱熹亲持汤药，情如子侄。朱熹对他评价也很高，将他与自己的得意高徒、女婿相提并论。

在叶味道的为官生涯中，他与理宗的关系非常不错，并用理学鬼神观为皇帝解开心结。宋宁宗本有八子，但均不幸夭折，于是立沂王的儿子赵竑为太子，但赵竑对当时权臣奸相史弥远的专政极为不满，为此，史弥远废赵竑太子之位，改立赵昀为皇位继承人。宁宗去世后，赵昀继位，是为理宗。史弥远派人逼赵竑自缢后，宋理宗时常忧心忡忡，"惑于鬼神之理"，忧虑赵竑含冤自缢，死后变为厉鬼，夜间出来扰乱作祟。叶味道读出了理宗的心事，用"阴阳二气聚散"的原理来解释"鬼神"现象，劝说道："阴阳二气之散聚，虽天地不能易。有死而犹不散者，其常也。有不得其死而郁结不散者，其变也。故圣人设为宗祧，以别亲疏远迩，正所以教民亲爱，参赞化育……"理宗皇帝由此受到启发，除却了心魔。

"庆元党禁"解除后，宋理宗下旨差叶味道主管三省架阁文字。继而迁宗学谕，为宗室子弟讲学授课。在一次君臣轮对中，叶味道进谏理宗皇帝以勤政务学为本，"无一言不开导引翼，求切于君身；旁引折旋，推致于治道"。理宗对叶味道的谏言颇为赞赏。叶味道逝后，理宗捐出内帑银帛，以办理叶味道丧事。

叶味道曾参与辑录《朱子语录》的工作，在朱子学传播发展史上发挥了承前启后的作用，并占有十分重要的学术地位。

陈埴和叶味道初师从"永嘉学派"，后共同师从朱子之学，两者交融后逐步形成自己的思想体系，并形成"木钟学派"。全祖望《宋元学案·木钟学案序录》有言"永嘉为朱子之学者，自叶文修公与潜室（陈埴）始"。

木钟两字取自《礼记·学记》"善问者如攻坚木""善待问者如撞钟"之意，陈埴所作的《木钟集》，就是以问答形式阐发程朱理学思想，故所创学派为"木钟学派"。

木钟学派"墨守师说"，以阐发程朱理学为主，同时也吸收其他学派一些思想，形成自己的特色。影响贯穿元明清数朝，时间较久，弟子众多。学派主要著作有陈埴《木钟集》《禹贡辩》《洪范解》，叶味道《四书说》《大学讲义》《祭法宗庙庙享效社外传》。

徐容、徐寓兄弟是宋时瑞安义翔乡五十九都仙居（今泰顺罗阳镇仙居村）人。徐容（生卒年不详），字仁甫（仁父），南宋孝宗乾道年间进士，曾任永嘉县令。徐寓，字居甫（居父）。绍熙元年（1190），朱熹任福建漳州知州时，徐容、徐寓兄弟从学于朱熹。此后，徐容认真向朱熹探讨学问。据史料载，朱子《池州语录》第二十四卷由徐容记录整理而成，其内容为徐容与朱熹的问答要旨。

据学者考证，朱熹的温籍弟子，还有戴蒙、叶任道（叶味道弟）、蔡璵、周倜、黄显子、蒋叔蒙、沈倜、林善补、林武、包定、钱谧之（子升）、钱木之（子山）、张扬卿、陈芝等人。

陈傅良门人曹叔远也曾从学朱熹，《语类》书中提及"问器远""曹叔远问"达24次，《朱子语类》中有记载朱熹"问器远所学来历？曰：自年二十从陈先生，其教人读书，但令事事领会。"

除了这些学者彼此间的互相影响和启发外，洪迈与木待问、许及之之间的关系也值得一说。

洪迈是《夷坚志》的作者，这部宋代志怪故事经典千百年来深受读者的喜爱。洪迈没来过温州，却在书中收录了温州志怪故事三十余则。原来他是温州状元木待问的老丈人，又招了才华横溢、官运亨通的许及之当侄婿，和温州颇有渊源。

木待问，23岁金榜题名，是温州最年轻的文状元。许及之（？—1209），官至副丞相。这两位不仅都是温州人，还是同年进士。但第一个为洪迈提供温州民间故事的另有其人，是他在福州任职期间的同僚林熙载，平阳人，绍兴十二年（1142）进士。

林熙载讲的第一个故事，是温州人胡克己参加科考的事。故事很短，仅数十字：胡克己应乡举的前夜，做了一个梦。醒后，他把梦境告诉妻子，自己第一个走进考场，是否预示将考第一？其妻引用《论语》："先进者第十一也。"揭榜后，果真应验。接着林熙载又为洪迈讲述了《江心寺震》《义鹊》《蛇报犬》等七个志怪故事。

木待问给老丈人讲了七个故事，既有他自己的，也有许及之家人的，还有关于温州风灾等内容。《李卫公庙》故事，讲当年木待问得到漕运举荐参加省试机会时，到了唐李卫公庙，祈梦问前程。梦到身穿紫衣，被一群读书人抬着棺材一边跑，一边看着他。他把梦境告诉好朋友潘柽。潘柽解梦说，梦里有木有官，还被人抬着，说明他们都在你之下，这次会中状元。第二年即隆兴元年（1163），木待问举进士第一名，成了名副其实的"状元"。

洪迈在每则故事后面都注明来源，这就留下了清晰的线索，书中还有八则志怪故事来自薛季宣、叶适和王十朋等温州名人。

文人间的交往常因诗词唱和碰撞出火花，彼此间惺惺相惜的情谊就此播下。潘柽和姜夔的交往就是如此。

潘柽，字德久，号转庵，永嘉（今温州城区）人，温州首位武状元潘文虎之子。潘柽年少时便诗名在外，可惜考运不佳，"举进士不第"。绍兴初年，潘文虎阵亡，潘柽以恩荫授武职，召试为阁门舍人。潘柽曾任福建兵马钤辖（军区统兵官），约于淳熙十六年（1189）随使臣出使金国。出使时陆游嘱他一路注意考察出兵路线，还作诗相送，相约"君归解鞍藉芳草，细谈塞北忘予老"。潘柽也念念不忘收复中原，回归后曾任参戎幕。戎马生涯，四处奔波，他到过很多地方，叶适曾说："德久浪漫江湖，吟号不择地，故所至有声。"他自己也曾说："我行半天下。"

正因为潘柽在诗坛的影响力，和他"浪漫江湖"的性格魅力，他与当时的文豪都有交往，诗歌唱酬频繁。

丰富的阅历加深了他对现实生活的体验和感受，体现在诗歌创作中，"漫道一官长束缚，依然还我自由身，心因爱向江湖乐，眼不禁看富贵尘"。这或许是他与布衣终身的姜夔有着深厚友谊的思想基础。

姜夔（1154—1221），字尧章，号白石道人，以诗词著名。姜夔在《予居苕溪上与白石洞天为邻潘德久字余曰白石》诗中，说到了"白石道人"号的由来。

当时，姜夔居住在苕溪（浙江吴兴），与白石洞天为邻。潘柽为他取号"白石道人"，还赠诗"人间官爵似拇蒱，采到枯松亦大夫。白石道人新拜号，断无缴驳任称呼"。拇蒱，古博戏名。大意是说，世间官爵，好比赌桌上抛掷的骰子，运气来了枯松也能封列大夫（秦始皇封泰山松为五大夫）。这回姜诗人拜封"白石道人"，却无须恩准任凭称呼，断不会被驳还奏章。

诗写得很风趣，姜夔读后十分开心，作长篇答赠，说"佳名赐我何敢辞"，又打趣说自己"夜夜山中煮白石""但愁自此长苦饥"。他对好友的诗赞赏有加，自称行囊中只带了《转庵集》"囊中只有转庵诗"。这赠答二诗，笔墨诙谐，传为佳话。姜夔存世的诗词集中，有赠酬潘柽的诗六首。

　　或许是应潘柽的邀请，姜夔于开禧二年（1206）左右，坐船来到温州游玩。他登上城西郭公山，留下著名的《水调歌头·富览亭永嘉作》，其中有"不问王郎五马，颇忆谢生双屐，处处长青苔"之句。

　　富览亭在瓯江畔郭公山上，姜夔登高远望，欣赏着"日落爱山紫，沙涨省潮回"的景象，而对面正是六百多年前谢灵运登临的江心屿。

　　温州奇秀的山水风光自谢灵运之后就名扬天下，令众多文人墨客无限神往。他们有的沿着谢公足迹亲临温州，禁不住诗情澎湃，吟诵出锦绣诗篇。有着"诗之岛"美名的江心屿，千百年来承载了无数诗家的人生寄情、兴亡之叹，杨蟠悠游山水"把麾何所往，海上有名山"，陆游沉思吟唱"卧听鼓角大江边"，文天祥慷慨悲歌"暗度中兴第二碑"……留存至今的八百余首诗词铺满了江心屿的一草一木。

　　当然，还有些始终未能踏上温州土地的人，如苏轼，虽与温州知州杨蟠曾为同僚好友，但也只能隔空表白"自言官长如灵运，能使江山似永嘉"。他欣赏着好友、乐清知县周邠寄来的一幅雁山图卷，欣然题写两首诗，称赞雁山风光"眼明小阁浮烟翠"。

　　雁荡山在宋代已名气颇盛，不少诗人为它点赞。梅尧臣向往着"海边巉绝有苍山，怪怪奇奇物象闲"，范成大想象着"龙湫雁荡经行处，断取松风万壑来"，蜀僧惟一亲睹雁山奇景更是连连称叹"四海名山曾过目，就中此景难图录"。而雁荡山后来几乎家喻户晓，大半应归功于沈括(1031—1095)。这位宋代科学家在熙宁七年（1074）实地考察雁荡山后，大为赞叹："温州雁荡山天下奇秀"，他以科学的态度、文学的笔法，写下《雁荡山记》，为雁荡山作了千古不衰的"广告"。

龙鼻洞摩崖石刻——沈括拓片

明初宋濂记录下两则灵异事迹：

宋景德（1004—1007）初年，契丹人入侵。丞相寇准、殿前指挥使高琼奉真宗御驾亲征。车驾过河，到达北城的时候，忽然看到天边出现了数万摇旗呐喊的兵士，挥舞的旌旗上似乎有"平水王"字样。契丹人非常震惊，求和退兵。

还是宋朝，大中祥符（1008—1016）初年，皇帝下令建造玉清昭应宫，有建筑材料取之于温州乐清。山重水复路途遥远，负责工程的大臣眼看完不成任务，只好去向平水王祈祷。忽然间狂风大作，山谷震荡，一块块巨石都立起来，大树连根拔起，顺着江流一泻而下。

这两则故事都是平水王显灵的传说。平水王是西晋时期温州的治水英雄，勇斗白龙，平定水患，后上升为佑护国泰民安的神灵，在东南沿海一带非常有名。宋朝廷赐予"通天护国"的封号。

生活在宋代的人们，闲暇娱乐逐渐变得丰富，尤其四季八节的习俗，民众喜庆狂欢中有满满的仪式感。其中很重要的仪式安排就是祭拜神灵——那些人力无法解决的问题，都交给各路神仙吧！

温州人延续了先民的文化习俗，虔诚地求神拜佛，请出各方神灵，祈求风调雨顺，平安富足。那遍布城乡、随处可见的庙宇宫观，无不体现了温州人世俗生活的理想。滨江临海，自然要请龙王开恩降雨，请海神保佑出海平安，请温元帅祛除瘟疫，请陈十四娘娘降妖除魔……流俗至今，温州的民间信仰和俗世生活，仍带着浓郁的吴越民俗遗存、海洋文化气息以及商贸文化特色。

第四章
世俗生活的狂欢

神灵守护

温州人敬鬼神的传统不是从宋代才开始的，《史记》《汉书》中都有"昔东瓯王敬鬼，寿至百六十岁"之说，可见汉代已有此风，这是关于温州民间信仰较早的记载。渴望长寿的汉武帝深信不疑，将东瓯一带民间信俗引向中原，开始"祠天神上帝百鬼"。

而到了明代，弘治《温州府志》中称"神祠几遍于境中"，可见民间信仰已全面铺开。明代永嘉县令汪循到任之初就发现"温俗好鬼，多淫祠，凡市集、乡团居民，或百余家，或数十家，必设立一鬼以祀之。其有水旱疾病患难，即争操豚蹄，挈壶浆，祭祷以祈福，虽渎不厌……"他在《唐将军庙碑记》中有如此描述。所谓"淫祠"，指民间滥建，在地方官眼中不合礼教的祠庙。

相对于制度化的教团宗教，温州民间历史上更多信奉的是坊间流行的神鬼之类的超自然力量。农耕渔猎时代，为祈求风调雨顺，温州城乡广泛流行龙神信仰。深潭、江河湖海等水域，乡民都确信是龙居住的地方，因此形成了很多祠庙。龙潭庙之类的尤其多，仅弘治《温州府志》所载的就有二十来个，永嘉、瑞安、平阳等地有漱玉潭庙、玉函潭庙、龙迸潭庙、龙畔潭显济庙等。另外还有与龙相关的女性形象，如龙母、龙夫人、龙女之类祠庙。《宋会要辑稿》中记载，位于瑞安仙岩（今属瓯海）的三姑潭祠，据说为唐代刺史路应之女所立，或作为龙女身份来祭祀。乐清的龙母庙，永乐《乐清县志》载有南宋乾道年间

祭祀求雨的文字。

　　海神也是掌管着风调雨顺的神祇，每逢台风灾害或是大旱时节，宋代温州的地方官员们就要前往城区海坛山上的海神庙祈祷，甚至"水火之灾，旱蝗之虐"，也"祷之多应"。这段记载见于宋代赵玑《海神庙碑》。说起来，石碑的发现还要感谢慧眼独具的夏鼐。1947年考古学家夏鼐回温州探亲，登海坛山寻古时，庙已圮废，他经过一番细细寻找，在角落里发现了残断的石碑，拼合后辨识出竟是宋代石碑。

　　守护一方水土平安的还有城隍神。城隍原指护城河，城隍神就是阴间管理地方的神灵。城隍神建庙起源于三国东吴赤乌二年（239），为城隍塑神像大约始于唐。宋代学者赵与时在《宾退录》中说："州、县城隍庙，今其祀几遍天下。朝廷或赐庙额，或颁封爵。"各地的城隍神不一样，温州的城隍神称富俗侯，处州（今丽水）称仙都侯，临安府钱塘县（今杭州）称安邑侯，泉州

（今福建泉州）称明烈王，彭州（今四川彭州）称安福将军，广州（今广东广州）称羊城使者，"皆不知其来历和原因"。《宋史·礼志》记载，温州富俗侯"袭用前代封爵称谓"，可见温州的城隍神文化，早在宋以前就有一定的影响。温州城隍庙在每年春季的清明、秋季的七月十五、冬季的十月初一，都要举行一次盛大的城隍出巡活动。作为掌管温州冥界的神灵，城隍神高高在上，洞察秋毫。宋代有明文规定，地方官上任三天之内，必须拜谒城隍庙，属政府倡导的民间信仰。相传温州古代刽子手在处决死囚之前，都要先将行刑用的鬼头刀拿到城隍庙请示。罪犯斩首后，监斩官还要派人手捧带血的刑刀，快马飞骑向城隍爷汇报行刑的结果。

越来越多有名有姓的历史人物死后被奉为神，称为人格神。汉代东瓯国君主东瓯王、治水英雄平水王周凯等都是较早时期的人格神信仰。随着社会多元化发展和海上航行的兴盛，宋代温州又发展出一批新兴的人格神，有本土也有外来的。温州作为移民之城，宋代民间信仰也有明显的移民特点。如五通神（五显庙）、陈十四娘娘、胡则（胡公庙）等均为外来被崇拜的神灵。

温州的忠靖王，是出自本地的人格神，道道地地的温州人被封为神灵。据明宋濂《忠靖王碑记》载："忠靖王姓温名琼，温州平阳人。唐长安二年生，至二十六岁，因举仕不第，幻化为神，为民除灾害。"《岐海琐谈》说是"平阳白石街人也"。民间传说平阳县有个不第秀才温琼，夜读时听到窗外有人说话："这井汲水的人多，放这里大有功效。"他出去观看却不见人影，突然醒悟此为疫鬼。第二天他站在井栏边，阻止民众汲水，大家都不信他的话，他投井而死，以表心迹。众人捞起他时，只见全身中毒发蓝，这才相信了他的预警。因他为民而死，被封为忠靖王，又因为是温州人，赐姓温，俗称"温元帅"，为驱疫之神，通常又叫东岳爷。每年三月初，人们抬着温元帅神像，出庙巡行，以驱瘟疫。

杨府爷作为本土神，也是浙南民间影响最大的信仰之一，信众遍布浙闽粤、港澳台乃至东南亚地区，旧时温州城乡的杨府庙多达五百余座，海坛山上海神庙和杨府庙和谐共处。杨府君，又称杨府神、杨真君，民间也称杨老爷、杨大爷、杨府爷，皇封"杨府侯王"，又称"杨府上圣"。据明代姜准《岐海琐谈》、明万历《温州府志》、光绪《永嘉县志》、民国《平阳县志》等地方文献记载，认为杨府爷的身份是唐代杨精义，唐总章二年（669）考中武进士，后官封都督大元帅。65岁辞职还乡后，在瑞安陶山修炼成仙，拔宅飞升，传说中曾在海上拯救渔民，击退渔贼，从而演变为具有护卫职能的水神和海神，具有鲜明的海洋文化特征。后随人们文化心理的需要，杨府爷又增加了庇佑农业、商业、官运、学运、健康和子孙等的多重职能，扩展到民众生活的方方面面。

从福建传来的陈十四娘娘是东南沿海地区的妇幼保护神。陈十四娘娘，福建古田县临水村人，名靖姑，因生于唐大历二年（767）正月十四日子夜，故小名陈十四。相传她聪慧灵异，14岁上山学法，学成后奔走于闽浙赣各地，斩妖除恶、驱瘟除疫、祈雨禳灾、驱邪镇煞，深受百姓爱戴。24岁那年，闽地大旱，禾苗干枯，她不顾怀有身孕，决意作法，终因流血过多，寒侵六腑而亡。民众立庙祭祀，宋淳祐年间被朝廷封为"崇福昭惠慈济夫人"，赐庙额"顺懿"，后历代不断得到加封，民间习俗中有祈子、保胎、临产、诞生、养育、婚嫁等功能。温州鼓词《灵经大传》就是演唱陈十四神迹故事的经典之作，将鼓词艺术与宗教仪式融合在一起。

温州有关陈十四的纪念建筑有太阴宫、娘娘宫、临水宫等，遍及全市各地，据不完全统计，供奉的陈十四神像有6000余尊，密度居全国之首。"十四娘娘出巡游，祈福国泰与民安"，每年正月陈十四娘娘巡游的仪式热闹非凡。大锣开道，鼓乐齐鸣，旌旗招展，声浪喧天，出巡队伍抬着神像浩浩荡荡，所到之处家家户户焚香燃烛相迎，祈求神灵保佑。一届的出巡祭祀活动持续三年，方宣告结束。路线遍及温州城区、平阳、苍南、文成、泰顺、青田、丽水等浙南地区农村乡镇。出巡路线和持续时间之长，在国内甚为罕见。2009年这项习俗被列入第三批浙江省非物质文化遗产名录。

菩萨低眉

高髻巍峨，缀饰璎珞，弯眉细目，面庞丰润，身着赭红右袒襦衫，外披朱红袈裟，花瓣形裙摆曳地，双手叠放在腹前——这是 1965 年出土于白象塔的北宋彩塑菩萨立像，通高 64 厘米。原来，宋代温州人眼中的菩萨，有着曼妙的身姿、温柔的神态，俨然一派淑女风范。

与这尊塑像堪称姊妹花的还有一尊高度相同的彩塑菩萨立像。面容同样丰腴，身姿更为婀娜，朱唇含笑微启，双手胸前合十，眉眼间尽显恬静之美。这对宋代彩塑的精品之作，被称为"东方维纳斯"，分别是温州博物馆和浙江博物馆的镇馆之宝。

当时与这对塑像一起出土的还有上千件文物，透露了宋代温州人生活中浓郁的佛教文化氛围。

温州白象塔，位于今瓯海区南白象镇。始建于北宋崇宁三年（1104），政和五年（1115）建成，历时长达 11 年。砖木结构，六面七层，楼阁式。高 31.3 米，底径 7.8 米，壁厚 2.2 米。经过 900 年的风雨侵蚀，

北宋彩塑观音立像

1965年塔将倒塌之时予以拆除，在塔内二、三层发现"政和五年六月"朱笔铭文砖5块，系砖砌方形窖穴（天宫）的盖砖，上面记录着造塔领班、工匠姓名及日期，为建塔时间提供了确切证据。

大批佛教文物霍然出土，其数量之多、品质之高令人惊叹。其中以泥塑

元王振鹏《江山胜览图》手绘仙岩寺

彩绘菩萨、天王、力士、伎乐和供养人像为最多，造像有各种材质，铜像、青瓷像、砖雕像、陶塑像、木雕像、彩绘泥雕塑、纸本绢本画像等，各具特色。庄严的佛像，慈悲的菩萨，沉思的罗汉，威武的天王，恭敬的供养人，虔诚的僧侣，构成了一个气象万千的佛教世界。

永嘉建郡之前，佛教已传入温州，据考证，位于今永嘉县清水埠龟蛇二山之巅的罗浮双塔，始建于西晋元康五年（295），是温州地区最早的佛教建筑。而佛教真正在民间兴起，是永嘉建郡以后的事情，最早见诸文字的是东晋太宁二年（324），城区居民李整捐出习礼坊（今公园路戏台对面）的私宅，建成崇安寺，开东瓯大地佛教先河。至唐代温州已有众多佛教徒。崇安寺改名为开元寺，写有《证道歌》的永嘉大师曾在这里出家修行，日僧圆珍也曾在这里求法。此后在吴越王钱俶鼓励及北宋朝廷倡导下，温州陆续建起近百座寺院。

温州的寺庙及高僧逐渐进入皇帝等高层人士的视野。如开元寺、白鹤寺的二位祖师、乐清僧人释信南等，曾在宋天圣十年（1032）进觐过仁宗皇帝，上《郊礼颂》及《圣德诗赋》等。仁宗"赐文英大师号，仍赐《大藏经》并三朝御书""归，建阁于开元寺"。

从上流社会到草根大众，佛教信仰日益深入人心，甚或以家有僧人为荣。宋代许景衡作《陈府君（宗伟）墓志铭》中称："邑（平阳）之俗喜佛，豪民多弟侄，则界于浮屠以并其所有。"

作为佛教文化最重要的载体——佛教建筑大量出现。温州城乡寺庙众多，从宋太祖在位到宋徽宗年间，历史文献有载且有明确创建时间的佛寺，温州有95处。多数佛寺规模广大，装饰华丽。如熙宁九年（1076），城区"大云寺庐舍那阁成，费钱千有余万，其高广闳伟甲于城中间"；堪称标志性建筑的开元寺，在绍兴十年（1140）毁于火灾之前，"屋以里数，门阁高百三十尺，旁翼二台，千佛阁在其后，高又过之。钟梵隔云雨，栏槛罗网、阶陛门户夸耀甚，不独为一郡巨丽"（叶适《温州开元寺千佛阁记》）。

位于江心孤屿上的龙翔兴庆寺因高宗曾驻跸，身价倍增。绍兴七年（1137）真歇清了禅师奉旨来住持，并率僧众填塞江流，建起寺院楼阁，名声大振。叶适在《温州开元寺千佛阁记》中记述清了禅师来温州时备受追捧的盛况，"金帛之献，舟衔舆曳，以先至为幸"，大家争相施舍金帛，车运船载，唯恐落后，因此"造寺洪流中，不日月而成"。后又成为高宗道场，名列南宋钦定禅宗"五山十刹"之一，是当时温州接待日本僧人的主要寺院。"永嘉四灵"之一的诗人徐照在《题江心寺》诗中描述过"两寺今为一，僧多外国人"的情景，日本、高丽僧人纷纷来此瞻仰学法，日僧义尹、义介、绍明等拜师研习佛法，学习禅门宗要。

雁荡山的佛寺最为集中。早在唐代，就有西域高僧诺讵那"率弟子三百来雁荡山弘扬佛教"，被后人奉为开山鼻祖。到宋代，已发展成"雁荡十八古刹"，不少寺庙受到朝廷赐额，出现了一批颇有影响力的高僧大德。

能仁寺是当时海内外著名的寺院，位于雁荡山大龙湫景区锦溪岩畔，与杭州上、下天竺，宁波白莲寺等同为江南教院五山。始建于北宋咸平二年（999），绍兴十二年（1142）奉诏赐额为雁山大道场。宋景炎元年（1276），高僧无学祖元（1226—1286）入主能仁寺，三年后应邀东渡在日本开创佛光派。另一位曾主持能仁寺的高僧古林清茂（1262—1329）也招收了众多日本弟子。清茂，字古林，宋末元初时期乐清人。日本禅僧入元求法，"多以能入其门为荣"。师从古林的日本弟子有记载的达32人，出名的有石室善玖、月林道皎、古先印元、圆署等16人。古林撰《宗门统要续集》20卷行世，存诗520首，为元代温州僧人中存诗最多者。著述在国外深受欢迎，日本有求师语录刊刻传播，高丽则将其《偈颂》刻版印行。日僧海寿从高丽得到古林著述，在日本编成《古林和尚拾遗偈颂》二卷。四明（今宁波）籍僧人梵仙师从古林，于元天历二年（1329）赴日，在日本19年，弘传古林法脉，与门下禅人共同刊印《古林清茂语录》《古林清茂禅师拾遗偈颂》。

塔也是重要的佛教建筑，寺院一般都建有塔。温州著名的佛塔数量很多，白象塔、慧光塔是其中最具有代表性的砖塔。此外还有不少石塔。

至今犹存的瑞安观音寺塔、苍南护法寺塔、龙湾国安寺塔、平阳栖真寺五佛塔、乐清真如寺石塔、东塔等六座（组），均为全国重点文保单位。其中，

宋国安寺石塔

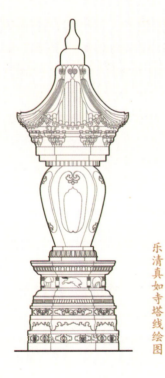

乐清真如寺塔线绘图

真如寺石塔、护法寺塔、栖真寺五佛塔的多塔并列形式为温州古塔的一大特色。真如寺如来石塔七座，初建于宋明道二年（1033），除雕饰略有不同外，形制几乎完全相同。原仅存一座完好，塔高5.16米，单檐。基台平面六边形，束腰六面浮雕卷草纹。六角则用浮雕力士代替角柱。力士或跪或坐，足踏下枋，头顶上枋。从体态到裸露肌肉，以及面部表情，均呈负重神态。经修复，现已恢复七座原貌。

两宋时期，温州已发展为东南的佛教重镇。士大夫们与佛教关系密切，或居家礼佛，或与禅僧交游唱和；普通民众也热衷于亲近佛教，乐意布施供养。很多寺院建造的过程中不乏信众慷慨解囊，如国安寺千佛塔在1987年落架大修中发现了好几批捐助名单，元祐五年（1090）初建时捐助在一缗以上的名单都刻于碑上，元祐六年捐助的施主名单达 120 人，其中 81 人以家庭名义捐助 23 份，39 人以个人名义捐助 10 份，还有女性的个人捐助者，均为平民百姓。

在这种崇佛风气下，佛教也迎合民众需求，向世俗化、社会化、普及化发展。体现在佛像塑造风格上，一改唐代雍容富丽华贵的特征，呈现世俗朴实自然的风貌，甚至多以世间人物为模特塑造佛像，面容温和亲切，完全是生活化了的世间人物，契合世俗社会的审美倾向。其中尤以彩塑像最有特色。彩塑佛像制作简便，造价不高，适合民间供养，因此在宋代颇为流行。

洞天福地

　　除了外来的佛教，本土道教也是温州民众重要的宗教信仰。自东汉末年创立以来已有近 2000 年历史的道教，在温州有广泛的民间基础，道观林立，信士众多。中国历史上著名道士许逊、葛洪、陶弘景等，都曾经在温州修炼和传播道教思想，宋代高道仙士李少和、神霄派大宗师林灵素、内丹派大家夏元鼎、东华派主要传人林灵真等则是土生土长的本土道教宗师，影响深远。

　　道教受到宋代统治者的尊崇，历朝皇帝均有召见知名道长、倡导建设道观、收集道教散失经典等举措。特别是宋徽宗，尤其信奉道教，他自称神霄帝君临凡，身边常有道士相伴，温州平阳人林灵素就是他最宠信的道士之一。林灵素，生卒年不详，字通叟，为神霄派领袖人物，宋徽宗赐号通真达灵先生，加号元妙先生、金门羽客，一度卷入北宋后期政治旋涡，对宋代政治产生较大影响，《宋史》有传。宋元之际，温州平阳苏湖里（今属苍南望里）一带还形成了一支道教家族，以"水南先生"即"绍开东华之教"的林灵真（1239—1302）为代表，从林倪、林升真、林虚一到林灵真，都出自林坳林氏家族，姓名见于《道藏》者十数人，世代相传，史有"水南道派"之称。

　　政和三年（1113）十二月，皇帝诏令天下"访求道教仙经"；六年，又诏令于洞天福地修建宫观。洞天福地是道教仙境一部分，多以名山为依托建道观供修行。唐代道书《洞天福地记》载，全国有三十六小洞天、七十二福地，温州境内即有多处。

城区华盖山有洞名"容成大玉天"，被称作第十八小洞天，相传为黄帝之师容成子修仙升天处。宋代诗人李洪《游华盖山容成洞天》有"清晨来访道家山"之句。

在七十二福地中，温州境内占了四处，分别是文成县南田山是第六福地，永嘉县大若岩是第十二福地，瑞安仙岩山（今属瓯海）被称作第二十六福地，瑞安陶山为第二十八福地。

其中的仙岩山是距温州城区最近的一处福地，有化成洞、罗隐洞、通玄洞、三皇井等胜迹，相传轩辕黄帝在此炼丹得道成仙，乘龙飞升。一千六百年前的南朝刘宋时期，永嘉郡守谢灵运曾泛舟前往探幽，写有《舟向仙岩寻三皇井仙迹》等诗。谢灵运之后，仙岩山在唐宋为诸多文人所追崇。如唐贞元间（785—805），郡丞姚揆多次前往仙岩游玩，其在山中翠微岭题刻的摩崖至今仍在："维仙之居，既清且虚。一泉一石，可诗可图。"他留下的另一石刻作品《仙岩铭》，被收录在《全唐文》中。到宋代，这处福地迎来更多的文人墨客，如皇祐三先生中的林石留有《梅雨潭忆旧游》，宋徽宗政和二年（1112）进士、上虞令娄寅亮有《梅潭观瀑》。南宋时期则有陈傅良等筑书院于山中，聚徒讲学。

道经《桓真人升仙记》记载陶弘景"炼丹于永嘉大弱岩、木溜屿、陶山之巅"等。大弱岩即大若岩，为第十二福地。其中最大的天然石洞是陶公洞，高56米，深79米，宽76米。梁代陶弘景曾在此修行，写有《真诰》等经典。隋唐后，陶公洞从最初的道教福地变成佛道合居。木溜屿今属台州。陶山即今瑞安陶山，为第二十八福地。陶弘景被称作道教宗师，有"山中宰相"之称。陶弘景自著《周氏冥通记》有"天监七年，隐居东游海岳，权住永宁青嶂山"。据《太平寰宇记》："青嶂山，在州西南四十五里，上有大海湖，昔陶真人曾隐居此山，著《真诀》，以壶盛之藏于石室，元（玄）宗感梦取之。"后人将此山称作陶山，有列真观、陶弘景祠、炼丹井等诸多胜迹。

其实，去除宗教色彩，这些被称作洞天福地的所在，大多属风景秀丽的宜居之地，远离尘嚣，利于修身养性。

温州宋代较早建成的道观（院、庵）有乐清瑞应乡杨湾的真君道院，建于咸平五年（1002）；陶山的列真观初建于皇祐间（1049—1054）；城区瑞颖坊内的应道观，林灵素修真于此，政和七年（1117）得名。

至今仍存的道观，有始建于英宗治平三年（1066）的平阳城关东岳观，后改名广福宫，清光绪年间重修。东岳观道教音乐远近闻名，是以"十方韵"为主要声乐部分的传统宗教音乐，2011年被列为国家级非物质文化遗产。规模较大、保存最为完整的宋代石构道观，应属瑞安的圣井山石殿，始建于景定元年（1260），整体建筑由石料刻成。据《中国道教宫观目录大全：浙江省宫观地址目录》统计，温州现有道观千余所，以正一教居多。

神秘明教

在宗教文化史上，还有一个颇显神秘的宗教，传播的时间并不长，仿佛遽然而来，又倏忽而逝，只在历史的缝隙间留下了雪泥鸿爪——这就是摩尼教，又被称为明教。

明教起源于古代波斯，进入中土后，在唐武宗时期一度被禁。北宋末期，明教在浙闽一带依附道教活动，福建成为摩尼教在中国南方继续传播的主要源头，温州深受其影响。

南宋黄震《黄氏日抄》卷八十六《崇寿宫记》中记载，"政和七年及宣和二年，两尝自礼部牒温州，皆宣取《摩尼经》颁入《道藏》"。《宋会要辑稿》中记载，"宣和二年十一月四日，臣僚言：温州等处狂悖之人，自称明教，号为行者。今来明教行者，各于所居乡村建立屋宇，号为斋堂。如温州共有四十余处，并是私建无名额佛堂"。所谓"斋堂"，是设在居民家中的信徒聚会点。可见，北宋末年温州摩尼教活动已达一定规模，建起四十余处斋堂，教众"男女夜聚晓散"。

朝廷认为明教的经文"与道、释经文不同。至于字音又难辨认，委是狂妄之人伪造言辞，诳愚惑众，上僭天王、太子之号"，于是宋宣和二年（1121）再度发布禁令。但直到绍兴初年，摩尼教在温州一带转为地下后，仍在秘密传布，"或依托道教、佛教形式而改头换面"。

如今浙南地区的明教遗址仅三处，分别是苍南的选真寺（俗称"彭家山堂"）、潜光院和瑞安曹村的明教寺，皆在温州。

民国《平阳县志》记载，元至正八年（1348）进士孔克表撰写了《选真寺记》，其中写道："平阳郭南行七十里，有山曰鹏山，彭氏世居之，从彭氏之居西北道三百余步，有宫一区，其榜曰选真寺，为苏邻国之教者宅焉，盖彭氏之先之所建也。"苏邻国即古波斯，苏邻国教即摩尼教。

20世纪90年代，有心人据此记载寻访，最终在括山下汤村发现了一座孤立在稻田中的平房，黄色外墙，房门上写着"选真禅寺"，同时还在此处发现了《选真寺记碑》。碑高1.55米，宽0.76米，厚0.10米。碑首半圆形，额篆书题"选真寺记"四字，直书二行。

元选真寺碑拓片

碑文楷书共561字，落款时间为元至正十一年（1351）二月十五日，记载了当地彭氏族人彭仁翁（字如山）扩建选真寺的过程及其规模等情况。这为研究明教的传播历史留下了宝贵资料。

潜光院位于今苍南金乡，元代诗人陈高在《竹西楼记》中明确记载，潜光院是明教的场所。陈高写于元至正十一年（1351）的《竹西楼记》一文，记载了当时潜光院内摩尼教传播的情形，以及教徒秉持的戒律，并提及"明教之始，相传以为自苏邻国流入中土，瓯闽人多奉之"。

四时八节

温州的节气习俗，大多起始于晋，盛行于宋，既有吴越旧俗，兼带中原文化，又结合海洋特色。与全国各地的习俗一样，温州的四时八节也是以禳灾、辟邪及祭祀为主要目的。而随着商品经济的发展，人们创造的财富不断增加，社会风气也随之改变，在生活用度、婚嫁丧葬等方面有了"尚奢""攀比"等习惯。

节俗文化一旦形成，在民间就有强大的生命力，即使官方禁止，也是屡禁不止。因此沿袭至今的温州部分习俗，与宋代文字记载相差不甚远。

四时八节（如今中国传统节日文化中的八节，分别为上元、清明、立夏、端午、中元、中秋、冬至和除夕）中，春节（即上元）是最重要的节日。"吾邦最重元日（正月初一），户无大小贫富，皆服鲜明衣服。洁祀祖先毕，以序拜尊长，然后出谒亲族邻里，或即相留饮啜，不相见者投拜帖。"

春节一般被认为起源于上古蜡祭，《礼记·月令》载："天子乃祈来年于天宗，大割祠于公社及门间。腊先祖五祀，劳农以休息之。"郑玄注："此周礼所谓蜡祭也"，是一个祭祀先人、合家团圆、休养生息的节日。从腊月开始，人们就开始"忙年"，筹备各类菜品，腌制腊味，"腊月内可盐猪羊等肉""商铺竞售锦装、新历、诸般大小门神、桃符、钟馗、狻猊、虎头及金彩缕花、春帖幡胜之类，为市甚盛"。

"自初一至初五日谓之节假，交相展庆"，人们出门拜访亲友；生员则聚在学府里，举行团拜仪式，"每岁旦，赤芾韦布，毕至郡庠，合拜先圣先师，退以齿立于堂，交拜郡守，致酒三爵而退，岁以为常，邑庠书院、各处义塾及乡曲，并设会拜如仪"，不论是否取得功名，着"赤芾"的士大夫还是穿"韦布"的平民，都以年龄长幼而不以官位大小与郡守互相拜年，这个规矩据载还是从许景衡开始设立的。

在这个一年最要紧的日子里，温州人的生活、娱乐、语言和行为禁忌等，大都围绕避凶趋吉展开。关于农事丰收、生活富饶方面的吉祥语，在民间普遍应用，尤其重视讨口彩。宅子要清洗一新（掸新）、家庭人员换新衣服鞋袜；饮食上则有年糕（年高）、发菜（发财）、胡萝卜（红菜）、芋鱼（余）等；在菜式、数量上也颇有讲究，诸事均得十全十美。

春节期间的多数民俗活动，也围绕这方面进行。尤其是元宵灯彩，温州人的华丽奢侈程度名列全国前茅。

二十世纪三十年代水上台阁

正月灯彩以龙灯为主，兼有渔灯、鸟灯，体现了人们祈求龙神风调雨顺的美好愿望，带有浓重的海洋文化气息。"自（正月）十二三夜点灯起，谓之试灯。十四、十五、十六谓之正夜。（上元节）或结鳌山，搭灯棚，放烟火，士女通衢游赏。十七夜以后谓之残灯。"

结鳌山，是指用一种大型的灯彩，堆叠成像传说中的巨鳌聚在一起的形状，据《山海经》载，玉皇大帝命十五只巨鳌，将渤海五座飘浮不定的仙山聚在一起，并固定海中。因高耸入云，曰鳌山。唐宋以来，在帝王倡导下得以流行。宋徽宗曾建有高十六丈、阔三百六十步、悬灯万盏的鳌山灯，十分壮观。温州人也喜欢在元宵节扎出鳌山灯彩，这个习俗在民间一直流传，清人方鼎锐所写竹枝词就提到了"鳌山"："鳌山台阁列层层，傀儡歌舞百戏增。惟有寒家新制巧，花名标出竹丝灯。"长期以来的民俗还形成了温州俚语"鳌山一式"，形容高大雄伟。

龙灯、鱼灯、鸟灯等属不同地域特色的灯彩。鱼灯是海岛居民喜爱扎制的灯彩，有鲜明的海洋特色；鸟灯是城郊茶山一带民众形成的特色灯彩。至于龙灯，不仅流行温州全境，且形式多样，如滚龙灯、龙档、板凳龙、首饰龙、纱龙灯、拼字龙、大龙等，不下数十种，显然与民间对龙神的普遍信仰有关。

温州灯彩流传广泛，几乎遍布每个村落，且制作精美，"自非贫人，家家设灯，有极精丽者"。在宋代诸多城市的灯会中，温州成为与苏州、杭州"华侈尤甚"的三个城市之一。

瑞安曹村元宵节灯会据说起源于南宋。曹村有"中华进士第一村"之称，当地村民中流传了数百年的俚语"神灯现，名士出"，透露了曹村"灯"与名人的深度关联。故事有两个版本，一个是说曹村的第一位进士曹逢时少时聪明好学，每天从私塾回家时，都见一老者提灯为他照亮，可到家门口后，老者和灯笼就不见了，十分神奇。南宋绍兴二十七年（1157），曹逢时考中进士，他恍然醒悟原来有神仙相助，而那盏灯笼就是"神灯"。还有个故事是说曹逢时的儿子曹叔远，青出于蓝胜于蓝，南宋绍熙元年（1190），年仅19岁的曹叔远即考中进士。他回乡探亲时，族人制作一只大大的无骨福星灯挂在金锁桥上，表示迎接。挂灯那天恰逢元宵节。更有意思的是，自曹家父子开了好头后，曹村进士登第者24人（《瑞安市志》）。乡亲们认为元宵节挂灯会给带来好运，因此每年元宵都要挂灯，久之便形成了规模浩大的灯会。曹村家家户户制作花灯，式样新颖，做工细致。待到正式出灯，霎时间，"东风夜放花千树"，又仿佛璀璨星河落人间。

端午节也是温州人很重视的一个节日，宋代温州的端午节过得极为隆重和热闹。节前数天即开始浸泡箬叶，"裹米为粽"，再将棕树叶劈开成缕作为系绳。裹好的粽子被浸泡在草木灰水中，浸透后上锅慢火煮熟；窗、门等处悬挂着菖蒲和艾草。菖蒲和艾草的特殊气味，可起到净化空气、驱虫等作用。

《方舆胜览》卷九有温州人"俗喜竞渡"的记载。追求奢华的民风，不仅体现在元宵灯会上不吝钱财，在端午节划龙舟上也不惜一掷千金。

南宋温州城乡几乎每个自然村都拥有龙舟，"是月各乡皆造龙舟竞渡"，明张璁编嘉靖《温州府志》卷一《风俗》引"旧志云：竞渡起自越王勾践，永嘉水乡用以祈赛"。装扮一新的民众扶老携幼前往观看竞渡，开心嬉闹的孩童手臂上则系着五色线绕成的"长命缕"。"凡端午日，竞渡于会昌湖，里人游观弥岸，绮翠彩舰，鳞集数里，华丽为他郡最，至于诸乡，莫不皆然。"

宋代龙舟竞渡的盛况，在寓温或本土的诗人笔下多有描述，如温州知州杨蟠，观看会昌湖竞渡时，写下了"西湖宴赏争标日，多少珠帘不下钩"的诗句，"西湖"即今会昌湖，"争标"就是龙舟竞渡时，为分胜负争夺的锦标。叶适也写过"一村一船遍一乡，处处旗脚争飞扬"的诗句，水乡竞渡的盛况在他眼中充满力与美。

因为竞争激烈，常有龙舟翻覆或划手落水溺亡或斗殴等情况出现，官府曾一度禁止龙舟竞渡。如宋开禧（1205—1207）初，温州知州钱仲彪即因溺死者多，奏乞禁赛。叶适则认为这是民俗活动，不宜禁止，为此他写下这样的诗句："祈年赛愿从其俗，禁断无益反为酷。喜公与民还旧观，楼前一笑沧波远。"

拥有广泛民间基础的龙舟竞渡活动，历史上屡禁不止。如今上了年纪的老人，对中华人民共和国成立前，温州乡间偷盗龙舟风气记忆犹新。20世纪三四十年代，城乡百姓生活多数困顿，不少自然村没有足够财力打造龙舟参加竞渡，有村民便在端午节临近时，到附近村里去偷。一般来说龙舟在参与端午节竞渡后，被晾架在本村庙宇，还特意遣人看守，但仍抵不住"贼记挂"，龙舟经常被偷盗。被盗走龙舟的村子，必然心有不甘，也派人去别村偷。改革开放后，各村经济实力大增，村村拥有多只龙舟，男女均可参赛。

寒食和清明是距离最近的两个节日，相隔仅两天。寒食节是唐宋时期朝野盛大的节日，诸多诗人有名句留世。宋代温州判官郑刚中"江乡时节逢寒食，花落未将春减色"展示了寒食节时的景色；宋代乐清人侯畐《寒食》有"贫家无日非寒食，未必今朝始禁烟"句，描绘了该节日的特性"不举火"，并以此表达对民生多艰的同情。

古时寒食是最重要的祭祀节日，即春祭（《礼记·祭统》，一年有春夏秋冬四祭），也称作"寒食祭"。这一天，按规定"禁火三天，只吃冷食"，故称寒食。宋代温州知州留有关于祭奠的诗句，如楼钥"烛然新火散青烟"，吴泳"麦粥凄凉展墓仪"等，为温州城乡家家户户"丈夫洁巾袜，女子新簪珥，扫冢而祭"作了文学的注脚。

礼教较严格的温州人家，清明祭祖会有专门的祭器，如酒杯、盘碗等。宋代瓯窑用猫头鹰形状制作酒杯，古人认为猫头鹰（鸱鸮）是一种通灵鬼神的禽类，商代晚期就有这种造型的祭祀酒器"商鸮卣""妇好鸮尊"等。

"春雨惊春清谷天"，清明原是二十四节气中的第五个节气，节逢仲春与暮春之间，后世兼并了寒食的习俗，成为祭奠先人、踏青出行，既具民俗活动又带节气性质的一大节日，一直到现代仍是如此。

中秋节对温州人来说也是个重要的节日，人们在临水高台聚会赏月宴饮，"人家多于此夜邀宾朋饮酒，赏月达旦"。宋时温州城郊有会昌湖，湖上有一座鲍楼，是赏月的好去处。四灵诗人徐玑作《中秋集鲍楼作》："秋在湖楼正可过，扁舟窈窕逐菱歌。淡云遮月连天白，远水生凉入夜多。已是高人难会聚，矧逢佳节共吟哦。来朝此集喧城市，应说风流似永和。"

温州人过中秋，到明清时期还形成一项特有的习俗。中秋时节，商铺、大户人家，在中堂摆上桌子摆设模型，按照一定比例缩小的文昌帝、小太监人物形象以及神庙建筑模型、旌旗、乐器、灯彩、几案、杯盆、碗等，集合了木、铜、石、玉、锡、彩绘、泥塑、纸扎等本土各种工艺，人称"中秋小摆设"，展现了温州作为百工之乡的艺术成就。

"天时人事日相催，冬至阳生春又来"，冬至作为四时八节之一，在温州有"大如年"的说法，"是日人家粉糯米为丸，或炊春糯米为糍，陈酒馔祭先"，家家户户要"做节"。所谓做节，即设置酒馔祭祀祖先。温州人习俗以糯米炊熟，制成汤圆祭祖。

"十二月二十四日，家家备酒馔送神，烧纸马于灶中，次日各斋素一日"。腊月二十四，坊间有送灶神的习俗。民间传说这一天灶神要上天奏事，向玉帝汇报人间一年发生的事。因灶神是居家神灵，家长里短了如指掌，于是家家户户便准备饴糖、糖瓜之类的甜食等，为灶神上天钱行，让他汇报时为人间百姓"甜言蜜语"，祈求年景顺利。

等灶神"汇报"完毕，家家户户还得准备斋饭"接灶"，迎接灶神开始新一年的工作。

腊月最后一天，无论是二十九日还是三十日，温州人都称"三十日"。经过入腊以来的掸新装扮、准备年货等系列活动，"三十日"是合家团圆守岁的日子。人们贴春联、换桃符、准备年夜饭。"人家各具肴蔬以为迎新聚饮之储，仍预炊半熟之饭，以备节假内食享。是日换桃符，粘春帖。至夜，放火爆，满室点灯照岁，饮分岁酒，或不寐守岁"。百姓人家在天黑后，于屋前屋后、室内、猪圈、牛圈等处，点起红烛，称作"岁灯"。年夜饭后，放烟花爆竹、阖家守岁。

除四时八节外，各地民众还把当地的会市过成了盛大的节日。会市作为商业习俗，是一种固定时间和地点的集会，不少地方带有庙会性质，包括会客、民俗、游玩、物资交流等多种内容。早在三国时期就有关于会市的文字记载。

宋代温州经济繁荣后形成不少市镇，据《元丰九域志》记载北宋时温州有较大市镇9个，而至南宋时期已达35个。温州地区规模较大、历史较悠久的会市有乐清白石会市、永嘉瞿溪（今属瓯海）会市、瑞安海安所清明会市等。《乐清县志》载："白石市，在九都，三月初十市。"乐清白石的三月初十会市，相传起源于南宋。与温州各地会市大致相同的是，交易商品均以农副产品、农具、家具等为主。铁器有锄、镰、犁、耙、刀，竹编或藤编农具（家具）有圆箕、箪、篓、箩、畚斗、升等。每逢会市，家家户户呼朋唤友，摆酒宴客，这种习俗一直流传至今。

婚丧嫁娶

　　温州婚嫁习俗比较烦琐。因民间业儒风气兴盛，耕读人家是人们择婿嫁女的首要选择。发达的商品经济，带动宋代温州城乡居民收入增加，在物质丰裕的同时，奢侈、攀比、争讼等风气较盛。这种风气除表现在传统节假日的排场和衣食住行的"低调奢华"之外，还表现在婚嫁丧葬等方面。

　　受传统文化影响，坊间对读书进仕很是追崇。家长努力营造优越的学习条件，如父兄往往自觉承担起经济世务，让家族子弟安心读书。家长对于儿女婚姻，也"必于儒家"。在这样的社会风气下，形成不少以婚姻血缘为关系的读书进仕家庭。元丰九先生之一张辉的孙女嫁给陈傅良。温州城区的高子莫，将两女分别嫁给淳熙八年（1181）进士包履常和永嘉之学集大成者叶适这两位读书人。

　　而科考取得成功的读书人，更是成为富人或官宦人家眼中的"香饽饽"。当时有榜下捉婿不问婚否的社会风气，不少已婚书生在功名利禄的诱惑下成了负心郎。这也是宋元南戏《张协状元》《荆钗记》演绎"负心汉"故事的时代背景之一。

　　宋代家长有权利为儿女选择"另一半"，当时婚姻中最重要的前提即为"父母之命、媒妁之言"，只有这样才能成为合法夫妻，即"明媒正娶"。父母在掂量两家条件后，即托媒上门提亲，其后还会安排"相亲"，男女双方若都中意，即将钗子插在冠髻中，谓之"插钗"。钗是定情信物，是宋人婚姻中重要的定亲环节，因此常被表现在宋元南戏及后世戏剧中，《荆钗记》《金钗记》《紫钗记》《玉钗记》等，莫不以不同材质的钗子作为剧情发展的信物。

婚娶丧葬奢侈之风盛行，"土俗颇沦于奢侈"。这种奢侈和攀比尤其表现在嫁娶中，坊间常"以财气相高"。宋代温州人嫁女费用大于为儿子娶妻，主要花费就在嫁妆上，需多年准备。宋代乐清知县袁采说过："至于养女，亦当早为储蓄衣衾、妆奁之具，及至遣嫁，乃不费力。若置而不问，但称临时，此有何术？不过临时鬻田庐。"没有多年积蓄，嫁女儿只好卖田卖房筹钱了。

其实当时全国上下的老爹都在为嫁女发愁，温州知州杨蟠的诗友苏轼，不仅为自家嫁女儿需大笔嫁妆头疼，还心疼生了五个女儿的弟弟苏辙："子由有五女，负债如山积。"那么当时嫁女大概需要多少钱？

北宋名相范仲淹给族人定下嫁娶规矩：男儿娶亲补贴二十贯钱，女子出嫁补贴三十贯钱；南宋名臣吕祖谦的规矩：嫁一百贯文省，婚五十贯文省。苏辙为女儿置办嫁妆，卖了一块地，才攒够九千四百贯，自言为"破家嫁女"。平民、官宦人家为嫁女发愁，连神宗皇帝也抱怨"嫁一公主，至费七十万缗"。一缗即一贯（一贯约七百七十文铜钱）。宋朝一贯钱的购买力相当于现代八百元，换算一下，皇家嫁女花费确实惊人。

人们不禁要问，宋代嫁女，家长为什么要准备这么丰厚的嫁妆？其实，宋代女子的社会地位并不低，《名公书判清明集》载：按宋代法律，父母去世，男女的继承权是一样的，各占一半。宋代女性不仅有继承权，而且嫁妆也是属于她们自个支配的私人财产，婆家无权占有和私自使用。夫家若强硬私吞，则是违法的。丰厚的嫁妆，彰显了家族财力的同时，也可提高女儿在婆家的地位。可怜天下父母心，古今都一样呀！

在丧葬方面，温州人好讲风水。在佛教进入中土之前，土葬是主要的方式。其后，火葬也比较盛行，温州曾属笃信佛教的吴越辖区，因此火葬也是当时民众主要的方式。丧和葬是分开的两个步骤，中间往往相隔较长时间。宋代一副简陋的棺材需花费一至三贯，稍微好一些的数十贯，高档棺木往往多至上百贯。

宋元温州人除选墓地看风水、下葬需择吉日之外，多延请和尚道士到家做佛事，超度水陆众鬼，宋代温州尤其流行。在人去世的七七、满百、周年祭等时间节点，也得开道场，请僧道诵经追荐，互相攀比排场，花费盛大，这即古书中所谓"以缁黄自固"。

百戏文娱

　　温州被称作"歌舞之乡"，温州人自古对歌舞的喜爱是与民间信仰、节庆习俗联系在一起的，娱神娱己，载歌载舞。南宋祝穆编撰的《方舆胜览》中称，隋朝志书中已有"温州俗少争讼，尚歌舞，俗喜竞渡"的记载。唐代诗人顾况在温州任地方盐官时写有《永嘉》诗："东瓯传旧俗，风日江边好。何处乐神声，夷歌出烟岛"，晴丽的瓯江边，不时传来动听的酬神民歌。

　　宋代温州由于经济发展，商业繁盛，百姓安居乐业，文娱生活也颇为多彩。绍圣二年（1095）杨蟠见到的城区已是娱乐气息浓厚、夜市灯火喧闹的景象，"过时灯火后，箫鼓正喧阗"，器乐声声，流光溢彩；连家住城郊的叶适，半夜三更还听到多人在唱歌，"听唱三更罗里论，白旁单桨水心村"（《水心即事》），可见"永嘉四灵"之一的诗人徐玑所言不虚："山城二月夜如何，行处时时听踏歌。"

　　踏歌是唐宋时期风靡城乡的娱乐活动，可以个人演唱，如汪伦为李白"踏歌送行"；也可组队联手踩着节拍而歌，在节庆和酬神等活动中广泛流行。

　　温州人能歌善舞，从白象塔出土的宋代说唱、舞伎造像中也可见一斑。现藏于温州博物馆的一对彩绘木雕说唱像，头微扬起，面带笑容，表情生动，身体右侧，略呈 S 形，翩跹欲舞，颇具动感。一尊侧身右视，左手抬起，眼神随手势而转动，笑容可掬；一尊侧身左视，左脚跷起，似乎正要做一个旋转的

舞蹈动作。

随着商品经济的发展，外地来温州做生意的客商众多。而宋代多次移民进入温州，也带来各地技艺，百戏项目越加丰富。

百戏是汉族民间表演技艺的统称，以杂技、乐舞为主，起源较早。据《汉文帝纂要》："百戏起于秦汉曼衍之戏，后乃有高絙、吞刀、履火、寻橦等也。"书中提及百多个项目，高絙即杂技中的走索；寻橦，是一种爬竿杂技，据现存汉画描绘，一人或多人爬上另一人手持（或头顶）的长竿上表演。温州曾从温瑞塘河边的塘下场桥一带，出土三国时期的一件青瓷谷仓罐，上塑百戏项目，有倒立、叠罗汉、弄球等；弦乐有弹琵琶、弹琴，管乐如吹笙、吹竽，以及舞蹈、拳击等人物形象，共计 33 个，是温州百戏繁荣的佐证。

随着宋代政治文化经济中心的南迁，迁入大量移民的温州城，在重商业、尚歌舞、盛百戏、多俚曲等多种因素促成下，一种综合的表演形式——戏文，在宋宣和年间（1119—1125）诞生了。

戏文是中国最早成熟的戏曲艺术，在南宋温州已拥有大量观众，有了如九山书会之类的专业演出团队，以民间广为流传的故事为蓝本，演绎当时社会背景下的爱情、婚姻及循环报应等观念。中国目前最古老的完整剧本《张协状元》，就是当时温州九山书会的才人们集体编写的。为与北方杂剧区分，戏文后被称作"南戏""永嘉杂剧"。南戏在传播到周边省内外城市时，与当地特色相结合，形成诸多唱腔，因此南戏被称为"百戏之祖"，温州则被誉为"南戏故里"。

戏文颇受市井百姓的喜爱，因为其中很多曲调就是来自民间。《曲苑丛谈》认为"南戏……其始者用宋词，而益以里巷歌谣，不尽叶宫调，士大夫少留意者。"徐渭也说："……永嘉杂剧兴。则又即村坊小曲而为之，本无宫调，亦罕节奏，徒取其畸农市女，顺口而歌而已。"《张协状元》中和温州地名有关的《东瓯令》《台州歌》等曲牌，据推断可能就是直接从当地俚歌民谣和村坊

「戏从温州来」文化活动

小曲演变而来；《凉草虫》《豆叶夹》《赵皮鞋》《吴小四》《油核桃》等曲牌名，通俗白话，应该就是从"士大夫少留意"一向不登大雅之堂，亦不受宫调限制的民歌小曲演变而来。

《张协状元》中还出现了傀儡戏舞"鲍老"的场面。傀儡戏即木偶戏，可见温州最早的木偶戏大约也是南宋时期从都城临安传入，发展至明清时期达到鼎盛阶段，盛行于温州平阳、泰顺等地，形成了提线木偶戏、单档布袋戏等多种类型的木偶戏。凡是大戏班演的剧目，木偶戏几乎都有。另外有种特殊的药发木偶戏，是以火药带动木偶表演的一种独具观赏价值的传统民间手工技艺，其本质是烟花杂技，但借用木偶戏剧目作为表演内容。这种药发木偶戏也起源于宋，目前仅在泰顺县域仍有保留，主要用于农村中庙会、年节、寿诞等大型活动。虽然情节粗略，但在烟火燃烧中展现人物形象，气氛热烈，犹如一树琼花绽放，故又被称为"琼花木偶"。

浙南地区最大的曲艺种类当属温州鼓词，发源于温州瑞安，流布于温州、青田、玉环等地。温州鼓词长于抒情，善于叙事，唱腔押韵，音节和谐，保持了民间说唱音乐的特色。相传，鼓词的祖师爷是唐明皇的叔叔。他擅诗文，谙音律，却因病失明，于是教盲人唱鼓词以自娱。"斜阳古柳赵家庄，负鼓盲翁正作场。死后是非谁管得，满村听说蔡中郎"，南宋诗人陆游这首《小舟游近村舍舟步归》诗，描写了斜阳下古柳旁，小村子里正举行的一场鼓词演出，村民们沉浸在蔡中郎的故事里，听得津津有味。由此可见鼓词在南宋时已经盛行于浙江农村地区。

一般来说，这类演出有专门的场所——瓦子，瓦子里搭设有勾棚（勾栏）。当然，露台、船台、词场等各种场地也都是可供演出的舞台；每逢节假日，艺人们还可在街头圈地演出。

宋代最集中的娱乐场所莫过于瓦子。瓦子，也称作瓦舍、瓦市、瓦肆，吴自牧《梦粱录》有"谓其来时瓦合，去时瓦解之义，易聚易散也"，即类似戏院剧场的一个所在，观众在一定时间里集中，表演结束后即散去。瓦舍里设有勾栏、乐棚，由各类艺人在其中演出招徕观众。除了看演出，瓦舍里也能买到小吃、点心等各类食品，还可喝茶。如南宋临安的瓦舍里，一文钱可买到一杯茶，说明这里的消费水准比较大众化，是平民百姓消遣、放松的所在。一直延续到明代，瓦舍还是市民娱乐和消费的集中场所。

温州至今还保留有"瓦市殿巷"的地名，顾名思义，当年城区的娱乐场所就在这一带。《方舆汇编·职方典·温州府部》载，茶场五显庙，"在府学巷。民家轮祀，瓦市、谯楼、百里坊、石埠、宝珠坊，各有庙"。可见当时温州城区的瓦舍是在五显庙周边发展而成。久而久之，瓦市、庙殿就成了这一带的标志性名称，附近还有两座以瓦子命名的桥梁。

瓦子里集中了温州城乡较为优秀的演艺人员。其他供民间艺人演出的还有露台、船台等。露台是露天临时搭盖的戏台；船台是在船上设置的舞台，以娱乐旅客。宋元时，温州城乡的演艺者，还可在街头卖艺。尤其是逢庙会或传统节日期间，街头卖艺者更多。

王振鹏《江山胜览图》中描绘了城区江滨码头一带，不少杂技团队表演走索、高跷、抛接等百戏的场景，引人围观。

走索，即如今的走钢丝。长长的绳索高空架设，一年轻女子正在绳上轻盈地走动。旁边围了一大圈观众，仰头伸颈。

高跷，是温州百姓熟悉的一种体娱活动，亦称走高腿、踏高跷，以表演时脚踩踏木跷而得名，常出现在庙会、集会上。《江山胜览图》画中的高跷表演，即出现在四月初八的庙会上，跷高一丈有余，引众人围观。

宋代《蕉荫击球图》

抛接术，一位男子利用钹笠帽做道具表演抛接，缀着飘带的帽子被抛到半空，一男子抬头注视，准备去接。除了抛接帽子，民间表演还可抛接球、水果等其他适合的物品。

蹴球，又名"蹴鞠"，"球在头、

宋刘松年《十八学士图》局部

肩、胸、背、腹、膝、足上弹跳，绕身不堕"，显示高超的控球能力。蹴鞠在北宋颇为流行，《水浒传》中高俅就是靠着出色的蹴鞠技术平步青云。街头蹴鞠艺人表演双人球技，互相踢弄，交争竞逐，以角胜负。

爬杆，即汉画中的寻橦，一人或多人爬上另一人手持（或头顶）的长竿进行表演，常有配乐。考验表演者的轻灵身姿和平衡能力。宋代温州诗人曹豳，在观看爬竿表演后，写下"又被锣声送上竿，者番难似旧时难。劝君着脚须教稳，多少旁人冷眼看"带有哲理性的诗句。

在 2022 年考古发掘的温州朔门古码头遗址中，出土了一枚陶制石球，直径约 3 厘米，上绘花纹。据专家分析，这是一种击球游戏"捶丸"所需的用具。捶丸是宋人喜爱的一项运动，上至皇帝，下到庶民，普及度很高。

"捶丸"的丸，有各种质地。有的以赘木制成，赘木即树上长瘤的地方（温州人所谓的树桙），质地较硬，不易击碎；其他还有陶质丸、骨丸、角丸、玛瑙丸等。捶丸游戏过程中，需要伴当（相当于球童）提着篮子或背着锦囊，里面装着不同功能的球棒。球棒主要分三种，扑棒、撺棒、杓棒，有的打远、有的推球入窝，可按照主人身材、喜好、贫富来定制尺寸和装饰。元世祖至元十九年（1282）专门有《丸经》一书详细描写游戏的玩法，贵族常"盛以锦囊，击以彩棒，碾玉缀顶，饰金缘边"。而丸的大小，也需依照球棒长短来定制。儿童捶丸有与儿童身高相匹配的尺寸，温州这枚丸相对较小，考古人员认为即属儿童所有。捶丸对天气场地也有一定要求，总的来说是"天朗气清，惠风和畅"之时，选择风光秀丽、地势复杂之地（每次游戏最好都选择不同的地方，熟地没有挑战性）。至于玩伴的选择，最好是三五好友，志同道合，方可"收其放心，养其血脉"，达到怡情和修身的目的。

而另一种用木制道具进行投掷的运动——击壤，也是民众接受度较高的运动。汉代王充在《论衡》中就有"尧民击壤"的典故记载，三国时吴国人盛彦写有《击壤赋》："论众戏之为乐，独击壤之可娱"，可见是当时全民娱乐的项目。宋代这种投掷游戏依然流行，在温州属县如乐清等地农村颇为红火，乐清诗人刘黻留下了"家家击壤"的诗句。

此外，围棋也是受众广泛的活动。温州诗人笔下常有描写围棋的诗句，如赵师秀《约客》："黄梅时节家家雨，青草池塘处处蛙。有约不来过夜半，闲敲棋子落灯花。"徐照《赠从善上人》："骨气清冷无片尘，即应僧可是前身。诗因缘解堪呈佛，棋与禅通可悟人。"高深的棋艺和境界，是南宋温州围棋流行的一个缩影。传至明代，逐步形成全国三大棋派之一"永嘉弈派"，在我国围棋史上产生深远的影响。

游园赏花

　　相较于俗世繁华的瓦舍勾栏，宋代位于今城区广场路扬名坊一带的众乐园，则是闹中取静、与民同乐的游乐园。

　　宋代各州流行郡圃，即早期的公园，是具有开放性和功用性特点的游乐园，因此常以众乐亭、众乐园之类命名，以供百姓"通四时之乐"。

　　光绪《永嘉县志》引《明一统志》："众乐园在郡城西，旧郡治北，纵横一里……宋时每岁二月开园设酤，尽春而罢。"看来众乐园占地不小，有池塘水榭、亭台楼阁、四时花木，每年早春二月起开放，士女争相前来踏青、游玩，还可在园内喝酒看戏。杨蟠《众乐园》诗云：昨日折花者，又随蜂蝶来。思量妨底事，红蕊续还开。

　　宋人对花的喜爱，恐怕没有哪个朝代的人能够超越。原本流行于宫廷贵族中的插花赏花，飞入寻常百姓家，成为整个社会的生活时尚。不仅文人雅士们喜欢"置瓶插花，以供清赏"，普通百姓也喜欢用鲜花装点生活，男人们甚至以"头戴一枝花"的装束招摇过市，商家用插花来装饰室内陈设，营造优雅的格调，吸引顾客。《梦华录》中，赵盼儿作为在钱塘开茶铺的商家，一出场便是她划船采花归来的场景。

每年春天很多地方都要举办盛大的"花朝节",据《梦粱录》记载:"仲春十五日为花朝节,浙间风俗,以为春序正中,百花争放之时,最堪游赏。"花朝节之时,往往万人空巷。

很多诗句都描写了宋代的花市繁荣,无论北宋汴京,还是南宋临安,开着许多卖花的店铺,大街小巷处处有花贩的叫卖声。陆游《临安春雨初霁》:"小楼一夜听春雨,深巷明朝卖杏花。"李清照《减字木兰花·卖花担上》:"卖花担上。买得一枝春欲放。泪染轻匀。犹带彤霞晓露痕。"阵阵花香透过字里行间,沁人心脾。

可以说,卖花,买花,插花,赏花,已经渗透在宋人的生活方式中,成为一种不分阶层的爱好。

温州气候温和,正是花花草草生长的乐园。唐段成式笔记小说集《酉阳杂俎》载"牡丹前史中无考,惟谢灵运始言,永嘉水际竹间多牡丹"。北宋欧阳修《洛阳牡丹记》中,也引用了谢灵运的这则记载。可见早在1600年前,太守谢灵运在考察中就发现"永嘉水际竹间多牡丹",这是温州关于牡丹栽培、观赏的最早记载之一。

而温州最普及的莫过于茶花。1985年7月市人大六届常委会第十四次会议审议通过,命名茶花为温州市花。山茶花原产地即在中国,中国又有云南和浙江两大分布中心,气候温润、雨量充沛的温州是其主要原产地。

世界上最古老的一株山茶花就生长在温州大罗山上的化成洞。这株高12米的金心茶花已有1300余年的树龄,穿越历史的云烟,从唐代绽放至今。作为目前世界上树龄最长、树干最高、树种最原始的野生古茶花树,它被称为"世界山茶花大王"。

温州本地山茶花,花色丰富,花型变化多,花期长达七八个月。随品种不同,从十月到第二年五月都可见到山茶花争相吐艳,每当岁寒之际百花凋零,陆游不禁感叹,"惟有山茶偏耐久,绿丛又放数枝红",自是别有一番景致。

宋代温州茶花栽培技术已相当成熟,北宋陈景沂《全芳备祖》记载:"玛瑙茶，红黄白粉为心，大红为盆，产温州。"

四灵诗人徐玑观赏着千姿百态的茶花，对争奇斗妍的盛况作了细致描写："黄香开最早，与菊为辈朋。纷红更妖娆，玉环带春醒。伟哉红百叶，花重枝不胜。尤爱南山茶，花开一尺盈。日丹又其亚，不减红带鞓。吐丝心抽须，锯齿叶剪棱。白茶亦数品，玉磬尤晶明。桃叶何处来，派别疑武陵。愈出愈奇怪，一见一叹惊。"

王十朋赞美家乡山茶花的诗句更是常常被后人引用："一枕春眠到日斜，梦回喜对小山茶。道人赠我岁寒种，不是寻常儿女花。"

宋时温州花卉种植欣赏还有梅花、芙蓉等。叶适游西郊时，称赞"中塘梅花天下之盛也""上下三塘间，萦带十里余"。弘治《温州府志》罗列温州重叶梅、绿萼梅、红梅等 11 个品种，并称"冬之梅花……奇品尤盛"。叶梦得《石林燕语》还记载，江心寺东侧庭院内有芙蓉一株，高二丈，干围四尺，花开几百朵。花开时节，观者如潮。

赏花成为温州人时尚生活的组成部分，并演化为民俗。温州民俗"拦街福"的形成，有一种说法认为也与古人的花祭有关。古代流传"二十四番花信风"，当一年四季从春天开始的时候，温州人就筹敬花神，祈望四季平安。清光绪年间学者郑传笈在《东瓯观花祭记》中提到，瓯俗有迎神品花之盛会，俗名"揽街福"。所到之地，人们争相以名花异卉陈列在祭品之前。

宋人的生活品质历来为后人所欣羡，精致、典雅的审美趣味，闲适、自在的人生状态，成为后世追慕高雅情趣的标杆。可以想见，存续了三百余年的宋代，在难得的一段和平岁月里，还是让老百姓过上了相对丰衣足食的生活。毕竟当人们普遍不再为生计犯愁的时候，才有上升到精神层面的审美需求。

千年温州，承载着宋韵气象。这宋韵流淌在永嘉四灵的诗句里，刻写在泛黄的典籍册页间，铺陈在城市村落的雕梁画栋上，更渗透在芸芸众生的日常生活中。

温州宋韵，一脉馨香。

后 记

  为更好地挖掘温州宋韵文化，温州市政协党组决定出版《宋韵温州》文史资料专辑。为此，市政协文化文史和学习委邀请市文史研究馆副馆长金柏东和市文史研究馆馆员、温州大学教授金丹霞，历经一年多的收集整理，深入挖掘温州宋韵文化，编写成书。

  宋韵文化是从宋代文化中传承下来的，经过历史扬弃的、具有当代价值和独特风韵的文化现象，包括思想理念、精神气质、文学艺术、雅致生活、民俗风情等。本书从宋代温州重要历史事件、百姓衣食住行、文化名人、世俗生活等多方面展现温州的宋韵文化，为加快推进宋韵瓯风"流动""传承"，打造温州城市品牌尽一份绵薄之力。

  本书编辑出版，得到了浙江博物馆、温州博物馆、温州市考古研究所、温州市图书馆等单位的支持，陈增杰、洪振宁、章方松、卢礼阳、潘一钢、孙金辉、陈瑞赞等文史研究馆馆员对书稿进行了认真的修订，在此一并致谢！由于时间仓促，本书不足之处，敬请学界专家、读者批评指正！

编委会

2023 年 7 月

图书在版编目（ＣＩＰ）数据

宋韵温州/温州市政协文化文史和学习委员会编.
－－北京：中国文史出版社，2022.10

　　ISBN 978-7-5205-3955-5

　　Ⅰ.①宋…　Ⅱ.①温…　Ⅲ.①文化史－研究－温州－
宋代　Ⅳ.① K295.53

中国版本图书馆 CIP 数据核字 (2022) 第 217108 号

责任编辑：詹红旗

出版发行：中国文史出版社

社　　　址：北京市西城区太平桥大街 23 号邮编：100811
印　　　装：温州市北大方印务有限公司
经　　　销：全国新华书店
开　　　本：787mm×1092mm 1/16
印　　　张：13.75
字　　　数：117 千字
版　　　次：2023 年 11 月北京第 1 版
印　　　次：2023 年 11 月第 1 次印刷
定　　　价：88.00 元

文史版图书如有印、装错误，工厂负责退换。